Cocina
sin gluten

susaeta

Sumario

Las harinas y las levaduras	7
Las pastas alimenticias	10
Los caldos	11
Las especias y las hierbas aromáticas	12
Reglas básicas de una dieta sin gluten	14

Recetas

Masas — 15
Pan sin gluten — 16
Pasta fresca al huevo — 18
Pan de pita — 19
Tortillas de maíz — 20
Base de pizza — 22

Salsas — 23
Salsa de tomate casera — 24
Salsa barbacoa — 24
Salsa de yogur con pepino — 26
Salsa cóctel casera — 26
Salsa *teriyaki* — 28
Salsa kétchup — 28
Salsa de mostaza — 30
Salsa mayonesa casera — 30
Crema de sésamo *(tahini)* — 32

Primeros — 33
Ensalada de guacamole con nachos — 34
Pizza margarita — 36
Rollitos de col con carne — 38
Crema de garbanzos *(hummus)* — 40
Croquetas de garbanzos *(falafel)* — 42
Tempura de verduras — 44
Tallarines a la carbonara — 46
Sopa de tomate con arroz — 48
Calabacines a la portuguesa — 50

Carnes — 51
Cuscús — 52
Tacos de pollo — 54
Goulash de ternera — 56
Pollo en salsa *teriyaki* — 58
Manitas de cerdo marinadas — 60
Croquetas de butifarra y boletos — 62
Pollo frito al estilo americano — 64
Bolitas de carne y patata — 66
Samosas de cordero — 68

Pescados — 69
Atún a la siciliana — 70
Futomakis de arenque — 72
Cazón en adobo — 74
Bacalao al aceite — 76
Guiso de pescado — 78
Bacalao a la vasca — 80
Pescaíto frito — 81
Boquerones a la moruna — 82

Postres — 83
Alfajores de maicena — 84
Mantecados — 86
Crepes — 88
Pastel de ángel — 90
Brownie de chocolate — 92
Tarta de queso con frutas del bosque — 94

Toda persona que deba llevar una dieta libre de gluten necesitará unos firmes cimientos culinarios sobre los que basar su cocina. Y puesto que uno de los fundamentos de la cocina occidental es el trigo, el celíaco se encontrará en muchas ocasiones ante un sinfín de obstáculos para poder comer y disfrutar de la comida con naturalidad. No obstante, hay muchas maneras de enfrentarse a este «problema», y en las páginas que siguen le invitamos a hacerlo con la mayor de las alegrías, sin cortapisas ni prejuicios y, sobre todo, con mucha imaginación.

Las harinas y las levaduras

Sin dudarlo, uno de los grandes obstáculos de una alimentación libre de gluten son las harinas, pues en nuestra sociedad la harina que se emplea principalmente, para infinidad de productos, es la de trigo, una de las prohibidas para el celíaco. Esta harina, en concreto el gluten que posee, es la responsable de la esponjosidad de panes y bizcochos, de la textura de los macarrones y los fideos, o del sabor de una buena pizza, de una salsa con base de harina, de un rebozado o de una pasta de croquetas, entre otras muchas preparaciones. Aunque el gluten es «necesario» para conseguir determinadas texturas y acabados en ciertos productos como panes, pastas alimenticias y repostería, con ingredientes libres de gluten también se puede elaborar un pan tierno y crujiente, así como bizcochos esponjosos y macarrones consistentes.

En general, el secreto para conseguirlo está en la mezcla de harinas y en el tipo de levadura empleada, que sirve para darle el cuerpo necesario al producto en cuestión. Empecemos por hablar de los tipos de harina, las marcas y cuáles son las mejores para los distintos platos que queramos preparar, para después hablar de las levaduras.

Harina panificable sin gluten y harinas de repostería sin gluten

Las harinas panificables, que se venden ya preparadas, son ideales, solas o mezcladas con otras harinas, para preparar pan, ya sean panecillos o pan de molde. Llevan incorporado el gasificante, así que en teoría no es necesario añadir más. Sin embargo, la experiencia nos dice que no siempre es así, y en muchas recetas de este libro le pediremos que a la harina le agregue otros ingredientes. Entre otras muchas marcas, encontramos las siguientes:

- Mix B® de Schär: se compone de harina de arroz, proteína animal, fibra vegetal, almidón de maíz y espesantes aptos para el consumo del celíaco.
- Basic Mix® de Proceli: tiene una textura menos fina y está compuesta por almidón de maíz, azúcar, espesante, sal y gasificantes sin gluten.
- Preparado panificable® de Beiker: mezcla elaborada con almidón de maíz, azúcar, sal, bicarbonato de sodio y goma guar.

En cuanto a las harinas para elaborar bollos, bizcochos y madalenas —entre otras delicias—, la marca Schär cuenta con dos productos: Mix Dolci®, elaborado con harinas de maíz y de algarroba, y Margherita-Mix A®, con azúcar y levadura química incorporadas. No obstante, existen en el mercado un sinfín de marcas que elaboran harinas de este tipo y cada cual, tras probar unas cuantas, se decidirá por la que mejor resultados le dé.

Con todo, hay una serie de recomendaciones en cuanto al uso de estas harinas que merece la pena tener en cuenta:

- Las harinas sin gluten deben emplearse en las medidas exactas que se dan en las recetas, pues son más inestables que las harinas comunes y en ocasiones incorporar un poco más de agua de la necesaria puede dar al traste con el preparado.
- Cualquier alimento elaborado con harinas sin gluten se dora más rápido que aquellos preparados con harina normal, por lo que se deberá controlar el tiempo de cocción hasta dar con el resultado óptimo. Un buen truco para las recetas de horno es el siguiente: en cuanto vea que la superficie comienza a dorarse, cúbrala con papel de aluminio, lo que impedirá que se queme y facilitará que el interior se cueza con normalidad. Como casi todo en esta vida, se trata de experimentar y no cejar en el empeño.
- Las harinas sin gluten siempre se deben tamizar, ya que de esta forma se airean mucho más, lo que facilita que se cuezan mejor.
- Conviene precalentar el horno con mucho tiempo de antelación para asegurarse de que la temperatura a la hora de hornear un pan, por ejemplo, sea la adecuada. Cuando introduzca la preparación en el horno, no lo abra hasta pasados unos 20 minutos.

Harinas para rebozar y pan rallado

Tanto la maicena como la harina de maíz, la de garbanzos e incluso la harina de arroz, o una mezcla de ellas, son ideales para preparar alimentos rebozados, ya sean carnes, pescados o verduras. Otra opción muy buena para los rebozados son los copos de patata, o patata deshidratada. En cuanto al pan rallado, nada mejor que preparar nuestro pan sin gluten en casa, y una vez seco, rallarlo. En este caso, le aconsejamos que prepare una cantidad considerable para tener siempre a mano.

Gasificantes y levaduras libres de gluten

Las levaduras frescas son organismos vivos, en concreto hongos, que se reproducen si tienen condiciones óptimas para ello, es decir, humedad y calor. Por naturaleza, las levaduras no contienen gluten, aunque si se preparan de forma industrial no podemos tener la seguridad de ello. No obstante, hay una serie de fabricantes, en general ecológicos, que ofrecen levaduras frescas elaboradas solo con el hongo y en todo caso libres de gluten, si es que contienen algún otro componente. Como siempre en estos casos, lo mejor es revisar el etiquetado, así como las listas de alimentos permitidos que publican distintas asociaciones de celíacos.

Con las levaduras químicas también hay que tener cuidado: se deberán emplear aquellas que posean la garantía, en forma de sello, de que están libres de gluten, pues pueden estar compuestas por algún espesante o conservante que esté prohibido en una dieta para celíacos. En cuanto a los gasificantes, el bicarbonato de sodio mezclado con un poco de limón suele dar buenos resultados, aunque en el mercado hay preparados de este tipo que podrá comprar con total tranquilidad.

Las pastas alimenticias

La base de la pasta alimenticia –desde los fideos hasta los macarrones, pasando por los tallarines, los espaguetis o los raviolis– es la harina de trigo, por lo que queda totalmente prohibida en la dieta del celíaco. No obstante, si se elabora la pasta con harina de alguno de los cereales permitidos, puede consumirse, evidentemente.

Existe una manera sana y natural, y lo que es más importante, libre de gluten, de preparar pasta en casa con todas las garantías. En muchos países, como Italia, es costumbre elaborar varios tipos de pasta fresca en casa, de forma artesanal, como tallarines, raviolis, tortellini y otros.

Con una simple y simpática máquina para estirar y cortar pasta fresca podrá tener a su disposición todos estos tipos de masa para cocer al momento. La máquina en cuestión no resulta nada cara y sí muy práctica, pues evita todo el proceso de estirado y corte manual, que resulta un tanto engorroso. La pasta, además, puede prepararse en grandes cantidades y después congelarse en prácticas fiambreras o bolsas de congelación, para así disponer de raciones cuando se necesite. En la pág. 18 de este libro, encontrará una receta donde se explica con todo detalle cómo elaborar pasta fresca artesanal libre de gluten para poder disfrutar del sabor de los platos clásicos de pasta de la gastronomía más tradicional e internacional.

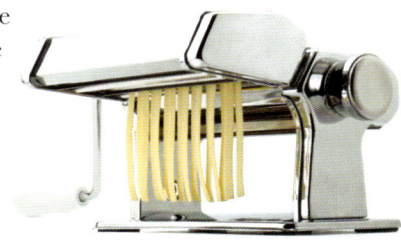

Los caldos

Para tranquilidad de todos, existen fórmulas para disponer de caldos libres de gluten, naturales, caseros y, lo que es más importante, siempre a mano para que las prisas no nos detengan.

Es tan fácil como elaborar el caldo que se desee y, tras dejar que se enfríe, congelarlo, ya sea en grandes cantidades en bolsas especiales de congelación, o en la cubitera de hielo, para luego guardarlo en fiambreras y así poder utilizar la cantidad exacta que se precise, pues no es lo mismo preparar un sofrito para dos comensales que una sopa para seis.

Caldo de ave

(para 3 litros de caldo)

1 pollo mediano, limpio y sin piel
3 zanahorias
3 ramas de apio
2 nabos
2 puerros
4 l de agua
ajo, laurel, sal y perejil

En una olla grande, disponer todos los ingredientes en frío y llevar a ebullición; espumar y cocer durante 2 horas como mínimo con el fuego muy suave, que apenas borbotee el agua.

Caldo de pescado

(para 1 litro de caldo)

recortes, espinas y cabezas de pescado
1 zanahoria
2 cebollas
1 rama de apio
2 l de agua
zumo de limón
hierbas aromáticas
sal, aceite de oliva y pimienta

Lavar y preparar el pescado; disponerlo en una olla junto con el resto de los ingredientes (las verduras van troceadas) y llevar a ebullición. Después cocer durante 45 minutos a fuego muy suave y con la olla tapada; colar el caldo y refrigerarlo durante 48 horas antes de consumirlo.

Caldo de puchero andaluz

(para 3 litros de caldo)

1 trozo de carne de ternera para caldo (mejor de rodilla)
1 trozo de tocino
1 trozo de costilla salada
1 hueso de jamón
1 hueso de ternera
¼ de gallina
1 zanahoria
1 nabo
1 patata
4 l de agua
aceite de oliva, ajo y laurel

Poner todos los ingredientes en una olla y llevar a ebullición; espumar y cocer durante 2 horas como mínimo con el fuego muy suave, que apenas borbotee el agua.

Las especias y las hierbas aromáticas

Las especias y las hierbas aromáticas, así como algunos otros condimentos, son algunos de los escollos en la dieta sin gluten a los que menos atención se presta, pues existe la creencia general de que los botecitos de especias tienen aquel ingrediente en cuestión y nada más, que son naturales y que es improbable, por no decir imposible, que este producto se pueda desvirtuar. Sentimos anunciarle que el uso indiscriminado de estos condimentos sin un control estricto es uno de los mayores peligros para el celíaco.

La recomendación general en cuanto a las especias y las hierbas aromáticas en la dieta del celíaco es consumirlas naturales; es decir, enteras, sin ningún tipo de procesado industrial. Esto se consigue, como indicábamos anteriormente, volviendo a las antiguas tradiciones: comprar en las herboristerías o, en su caso, adquirir especias de las que se esté seguro de que solo contienen eso, especias (por ejemplo, hojas de laurel).

¿Cómo conviene proceder entonces? Los granos de pimienta se deben adquirir enteros y rallarlos en casa; no solo nos aseguraremos de que lo único que consumimos es pimienta, sino que, como todo el mundo sabe, no hay nada como el aroma y el sabor de la pimienta recién molida. Lo mismo vale para la nuez moscada, el comino, el anís, etc. La canela se puede moler en el molinillo de café, así como los clavos de olor. Por su parte, el orégano, la albahaca y el perejil pueden comprarse frescos, secarse y después reducirse a polvo; otra opción es congelarlos frescos y tenerlos dispuestos para cuando se necesiten. Lo mismo podemos decir del ajo, que se puede tanto secar como congelar picado, junto con perejil, por ejemplo. El jengibre se puede secar hasta que esté muy duro y luego rallarlo o molerlo, y lo mismo vale para la guindilla o el pimentón, que no es más que pimiento seco y reducido a polvo. Y así con todas las especias y hierbas: cada una precisará de un procedimiento, que la mayor parte de las veces es sencillo, rápido y económico.

Las mezclas de especias

Un caso particular es el de las mezclas de especias. De un tiempo a esta parte, mezclas como el curri o sazonadores para barbacoa, entre otras muchas, se han hecho un hueco importante en las cocinas occidentales. En la dieta del celíaco se debe prestar especial atención a estas mezclas, pues son las que en general suelen llevar más «extras» de los prohibidos.

Shichimi togarashi (Japón)

1 cucharadita de guindilla seca molida
1 cucharada de piel de mandarina seca molida
1 cucharadita de semillas de sésamo blanco
1 cucharadita de semillas de sésamo negro
1 cucharada de semillas de amapola
1 cucharada de jengibre seco rallado
1 cucharada de alga nori molida

Mezclar y moler en el molinillo de café la guindilla, la piel de mandarina, las semillas de amapola, el alga nori y el jengibre. Retirar del molinillo y mezclar con las dos clases de semillas de sésamo.
La mezcla se conserva en perfectas condiciones durante 2 meses en un tarro con cierre hermético y a temperatura ambiente.

4 especias francesas

1 cucharada de pimienta blanca en grano
1 cucharadita de nuez moscada rallada
1 cucharada de clavos de olor
1 palito de canela

Moler todos los ingredientes en el molinillo de café hasta obtener un polvo fino. La mezcla se conserva en perfectas condiciones durante 2 meses en un tarro con cierre hermético y a temperatura ambiente.

Mezcla de 7 especias

1 cucharada de pimienta negra en grano
1 cucharada de semillas de cilantro
1 cucharada de clavos de olor
1 palito de canela
1 cucharadita de nuez moscada rallada
1 cucharada de sésamo negro
1 cucharada de piel de naranja seca

Moler las semillas de cilantro y pimienta junto con los clavos de olor en el molinillo de café; incorporar las semillas de sésamo, la cáscara de naranja, el palito de canela y la nuez moscada, y volver a moler hasta que quede una mezcla bien fina. Se conserva en perfectas condiciones durante 2 meses en un tarro con cierre hermético y a temperatura ambiente.

Curri

1 cucharada de semillas de cúrcuma
2 cucharadas de semillas de cilantro
1 cucharada de jengibre seco molido
1 cucharada de semillas de comino
1 cucharada de semillas de hinojo
1 cucharada de semillas de mostaza
½ cucharada de pimienta negra en grano
½ cucharada de guindilla seca molida

Tostar en seco las semillas de cúrcuma, cilantro, comino, pimienta, hinojo y mostaza; dejarlas enfriar y triturarlas en el molinillo de café; incorporar el jengibre y la guindilla, y triturar todo junto en el molinillo. La mezcla se conserva en perfectas condiciones durante 2 meses en un tarro con cierre hermético y a temperatura ambiente.

Reglas básicas de una dieta sin gluten

Regla número 1

No debe consumirse ningún cereal o producto derivado de: trigo, centeno, cebada, espelta, kamut, triticale y posiblemente avena. Entre los productos derivados se incluyen las harinas, los copos, las féculas y cualquier otra forma, refinada o no, de estos cereales.

Una de las cuestiones básicas que deberemos tener en cuenta respecto al etiquetado es si el producto en cuestión es importado, pues un mismo fabricante puede utilizar, en función de las diversas normativas de cada país, diferentes ingredientes para un producto que se vende bajo la misma marca.

Regla número 2

No deben consumirse productos de venta a granel o artesanos que no lleven etiquetado. Es decir, nada de harinas compradas a granel, nada de panes o bollería que no estén envasados y etiquetados, nada de alimentos que se vendan en ferias, puestos callejeros y otros, pues nunca se sabe si han estado en contacto con algún tipo de harina de los cereales prohibidos.

Regla número 3

De la misma forma que no puede consumirse nada que no esté etiquetado, las preparaciones de bares y restaurantes tampoco pueden tomarse, o siempre bajo un estricto control. A no ser que el establecimiento esté explicitado en las listas de las asociaciones y cuente con su sello de garantía, deberá evitarse o, en caso extremo, preguntar cómo se ha elaborado exactamente el plato en cuestión.

Regla número 4

La alimentación artesana, sana y natural en nuestro hogar es la mejor arma para llevar una dieta sin gluten. Es decir, una de las pocas formas –por no decir la única– de saber exactamente qué es lo comemos es cocinar en casa y hacerlo de forma integral siempre que se pueda.

Regla número 5

Es de vital importancia conocer qué alimentos están naturalmente libres de gluten, cuáles por naturaleza no lo poseen pero debido a las técnicas de manufacturación a las que son sometidos pueden contenerlo y, por supuesto, aquellos que están prohibidos.

- Alimentos que contienen gluten por naturaleza, ya que de alguna u otra forma entre sus componentes se encuentran uno o varios cereales prohibidos: panes de todo tipo elaborados con cereales con gluten; harinas comunes, harinas preparadas y cualquier otra forma en la que se haya tratado el cereal (sémolas, almidones, féculas, proteínas); tartas, pasteles, bollería y repostería de todo tipo (galletas, cruasanes, ensaimadas, madalenas, etc.), ya sean artesanales o industriales, preparados a partir de los cereales prohibidos; pasta (macarrones, espaguetis, tallarines, pasta para sopa); algunas frutas secas (higos principalmente).

- Alimentos que por naturaleza no contienen gluten: la leche y sus derivados (queso, requesón, queso de untar sin sabor, nata y yogur natural); pescados tanto frescos como congelados al natural, es decir, sin rebozar; mariscos frescos, congelados (sin rebozar) y en conserva (tanto al natural como en aceite, pero sin condimentos ni sabores); huevos de todo tipo; carnes (ganado vacuno, aviar, etc.) y casquería (fresca y en conserva al natural); verduras y hortalizas; frutas (frescas y en conserva al natural); cecina, jamón serrano y jamón cocido (calidad extra); legumbres (secas y en conserva al natural); maíz, arroz y tapioca (al natural y sus derivados); aceites y grasas (mantequillas y mantecas de origen animal); vinagres de vino; frutos secos crudos y sin tratar; miel y azúcar; vinos y bebidas espumosas; café, té, infusiones; refrescos de naranja, limón y cola; especias en rama, en grano y las naturales (no molidas ni mezcladas).

- Alimentos que pueden contener potencialmente gluten, ya sea por el tratamiento que se les ha dado o por contaminación cruzada: conservas de pescado o de marisco (en escabeche, con tomate frito, a la andaluza, etc.); salchichas, mortadela, chorizo, morcilla y otros embutidos del mismo tipo; salsas preparadas de todo tipo, así como especias en polvo y mezclas de especias y colorantes alimentarios; patés y quesos fundidos, quesos para untar de sabores o quesos rallados en bolsa; preparados de todo tipo de carne (conservas, así como hamburguesas y albóndigas preparadas); sucedáneos de café, té, chocolate y cacao; chocolate en tableta o en polvo; frutos secos condimentados, fritos o tostados; algunos tipos de helado, caramelos y golosinas.

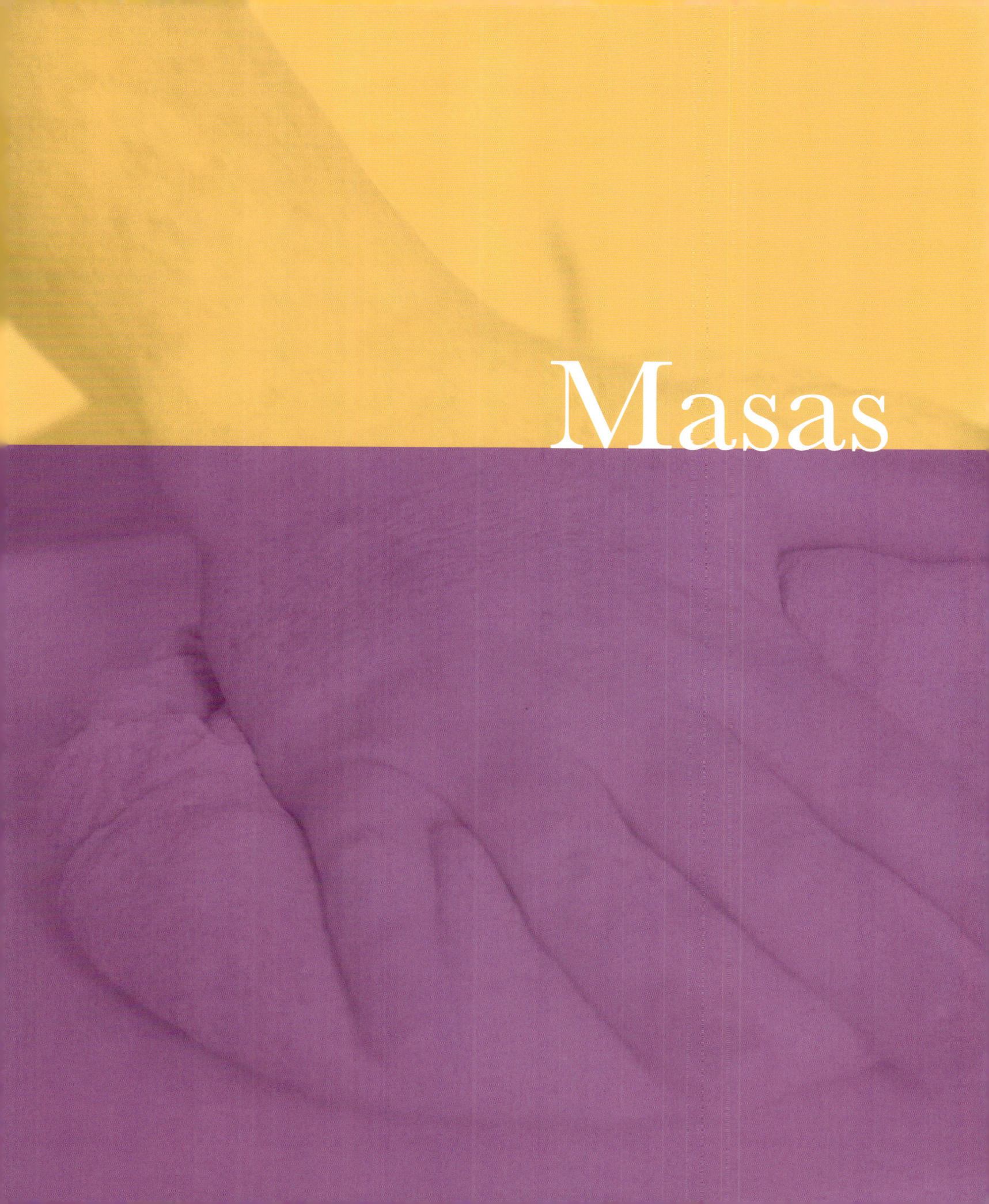
Masas

Para 1 pan de 700 g

Dificultad: media

Tiempo: 3 horas

Pan sin gluten

Ingredientes:

500 g de harina panificable sin gluten

10 g de gasificante de repostería

300 ml de agua

sal

Preparación:

Calentar el agua en un cazo y reservarla.

En un cuenco grande, disponer la harina y el gasificante; salar al gusto y mezclar todo bien.

Volcar la harina en la superficie de trabajo, formar un montón con un hueco en el centro y verter, poco a poco, el agua templada. Trabajar la mezcla hasta obtener una masa homogénea y fácil de manipular.

Reservarla durante 1 hora en un cuenco, tapada con un paño y en un lugar cálido para que fermente.

Pasado este tiempo, amasar de nuevo sobre la superficie de trabajo; colocar la masa en un molde engrasado, cubrirlo con un paño húmedo y dejar fermentar 1 hora más.

Media hora antes de cocer el pan, precalentar el horno a 200 °C.

Cuando haya subido la masa, retirar el paño, hacerle a la masa unos cortes en la superficie y hornearla durante 45 minutos.

Transcurrido este tiempo, retirar el pan del horno y dejarlo enfriar. Desmoldar y cortar el pan en rebanadas.

Para 2 personas

Dificultad: media

Tiempo: 1 hora

Pasta fresca al huevo

Ingredientes:

250 g de harina panificable sin gluten

3 cucharadas de aceite de oliva virgen

3 cucharadas de agua

3 huevos

sal

Preparación:

Disponer la harina en forma de volcán sobre la superficie de trabajo. Hacer un hueco en el centro y agregar el agua, el aceite, los huevos y sal al gusto.

Mezclar primero con cuidado de integrar todos los ingredientes y trabajar bien la mezcla hasta conseguir una masa de textura lisa y fina.

Dividir la masa en cuatro trozos y estirarlos con ayuda de un rodillo o, mejor, con una máquina para elaborar pasta, hasta conseguir un grosor de 2-3 mm.

A continuación cortar la masa en la forma que se desee: tallarines, raviolis, tortellini, etc.

Conservar en la nevera si no se va a cocer de inmediato.

Para 4 personas

Dificultad: media

Tiempo: 40 minutos (más el tiempo de reposo)

Pan de pita

Ingredientes:

500 g de harina panificable sin gluten

1 sobre de gasificante de repostería

1 cucharadita de azúcar

200 ml de agua

1 cucharada de aceite de oliva virgen

sal

Preparación:

Disolver el gasificante en el agua templada junto con el azúcar y reservar en un lugar cálido durante 15 minutos.

Pasado este tiempo, disponer la harina en la superficie de trabajo, hacer un hueco en el centro y verter el agua con el gasificante poco a poco, junto con el aceite y la sal.

Trabajar la mezcla durante 20 minutos, hasta obtener una masa homogénea y fácil de manipular. Reservarla durante 1 hora en un cuenco, tapada con un paño y en un lugar cálido para que fermente.

Cuando haya duplicado su volumen, volver a amasarla y elaborar bolas de unos 50 g cada una.

A continuación, estirar las bolas de masa hasta formar un círculo fino de 15 cm de diámetro con cada una. Cubrir estos panes con un paño y dejarlos reposar durante 30 minutos para que suban un poco.

Precalentar el horno a 200 °C, con calor arriba y abajo.

Pasados los 30 minutos de reposo, colocar las pitas en la rejilla del horno y cocerlas durante 5 minutos, hasta que se doren. En ese momento, retirarlas del horno y dejarlas enfriar.

Para 4 personas

Dificultad: media

Tiempo: 30 minutos (más el tiempo de reposo)

Tortillas de maíz

Ingredientes:

330 g de harina de maíz

500 ml de agua

sal

Preparación:

Verter el agua en un cazo y calentarla un poco.

Disponer la harina de maíz en un cuenco, salar al gusto y hacer un hueco en el centro. Seguidamente, incorporar el agua tibia poco a poco y trabajar la mezcla durante 10 minutos hasta obtener una masa suave y tierna. Cubrirla con un paño y dejarla reposar 1 hora.

Pasado este tiempo, colocar la masa sobre la superficie de trabajo enharinada y dividirla en bolas del tamaño de un puño.

A continuación, extender las bolas con el rodillo hasta que queden muy finas, de unos 2 mm de grosor.

Calentar una plancha o una sartén de base gruesa a fuego fuerte; poner una tortilla y, pasados 15 segundos, darle la vuelta con una espátula y cocerla del otro lado 20 segundos más, hasta que comience a esponjarse.

Una vez lista la tortilla, retirarla de la sartén y reservarla envuelta en un paño, cerca de una fuente de calor para que no se enfríe. Repetir la operación hasta terminar de hacer todas las tortillas; ir apilándolas unas sobre otras.

Servirlas calientes rellenas al gusto. También se pueden utilizar para preparar nachos (ver pág. 34).

Para 2 bases

Dificultad: media

Tiempo: 1 hora y 15 minutos

Base de pizza

Ingredientes:

200 g de maicena

200 g de fécula de mandioca

4 cucharadas de leche en polvo

1 huevo

3 cucharadas de leche

½ cucharadita de azúcar

50 g de levadura fresca

5 cucharadas de aceite de oliva virgen

aceite de oliva para engrasar

salsa de tomate casera (opcional) (ver pág. 24)

sal

Preparación:

Calentar en un cazo la leche junto con la levadura, sal y el azúcar hasta que forme espuma; reservar.

En un cuenco mezclar la maicena, la fécula de mandioca y la leche en polvo. Incorporar el huevo, el aceite y la mezcla de la levadura. Amasar hasta que todos los ingredientes queden bien integrados y la masa tenga una textura homogénea y sin grumos. Si fuera necesario, agregar un poco más de leche.

Reservar la masa tapada con un paño de cocina en un lugar cálido durante unos 30 minutos.

Precalentar el horno a 200 °C.

Pasado el tiempo de reposo, engrasar con aceite dos pizzeras o la bandeja del horno. Dividir la masa en dos trozos y con las manos muy untadas de aceite estirar uno de los trozos en una pizzera con la yema de los dedos hasta que quede aproximadamente del tamaño de la bandeja y con cuidado de no hacer agujeros en la masa. Repetir la misma operación con la otra base de pizza.

Dejarlas levar durante unos 10-15 minutos tapadas con film transparente. Pasado este tiempo, retirar el film.

Si las bases de pizza van a congelarse, se deben hornear durante 15 minutos.

Si se van a consumir en el momento, pintarlas con salsa de tomate casera y hornearlas hasta que queden hechas pero no demasiado, pues hay que tener en cuenta que cuando se les ponga la guarnición se cocerán unos minutos más en el horno.

Salsas

Para 500 g de salsa

Dificultad: media

Tiempo: 45 minutos

Salsa de tomate casera

Ingredientes:

1 kg de tomates maduros

1 cebolla

1 zanahoria

1 cucharadita de azúcar

100 ml de aceite de oliva virgen

sal

Preparación:

Pelar y picar muy fina la cebolla; pelar y rallar la zanahoria; lavar los tomates, pelarlos y cortarlos en trozos.

Poner al fuego una sartén grande con el aceite. Cuando esté caliente, incorporar la cebolla y sofreírla hasta que quede transparente. En ese momento, agregar la zanahoria y el tomate. Salar y continuar con la cocción a fuego lento, removiendo de vez en cuando con una cuchara de madera, durante 30 minutos.

Cuando la salsa esté consistente, retirar la sartén del fuego y pasar la salsa por el pasapurés. Finalmente, agregar el azúcar y mezclar bien. Servir en una salsera o acompañando el plato que se desee.

Para 200 g de salsa

Dificultad: baja

Tiempo: 25 minutos

Salsa barbacoa

Ingredientes:

200 ml de refresco de cola sin gluten

200 g de kétchup casero (ver pág. 28)

1 cucharada de miel

Preparación:

Poner todos los ingredientes en un cazo al fuego y cocer, removiendo constantemente, hasta que la mezcla se haya reducido más de la mitad. Según guste una textura más consistente o menos, se deberá dejar más tiempo al fuego.

Dejar enfriar la salsa barbacoa y guardarla en un frasco con tapa en el frigorífico, donde se conservará durante varias semanas.

Salsa de tomate casera

Para 500 g de salsa

Dificultad: baja

Tiempo: 15 minutos (más el tiempo de refrigeración)

Salsa de yogur con pepino

Ingredientes:

4 yogures griegos

½ pepino

1 diente de ajo

3 hojas de hierbabuena fresca

2 cucharadas de zumo de limón

aceite de oliva virgen

sal

Preparación:

Pelar y rallar el pepino, salarlo y dejarlo escurrir en un colador.

Lavar y picar la hierbabuena; pelar y majar el ajo en un mortero.

Disponer los yogures en un cuenco y añadir el pepino, la hierbabuena y el ajo. Condimentar con el zumo de limón, un chorro de aceite y sal al gusto.

Mezclar todo bien y dejar reposar en el frigorífico durante 2 horas para que la salsa tome sabor.

Para 250 g de salsa

Dificultad: media

Tiempo: 10 minutos

Salsa cóctel casera

Ingredientes:

200 g de mayonesa casera (ver pág. 30)

1 cucharadita de zumo de naranja

1 cucharadita de whisky

1 cucharadita de vinagre

1 pizca de azúcar glas

2 cucharadas de kétchup casero (ver pág. 28)

Preparación:

Pasar la salsa de kétchup por un tamiz y mezclar en un cuenco con el resto de los ingredientes. Batir ligeramente con unas varillas hasta que queden completamente integrados. Consumir en las 24 horas siguientes.

Servir como acompañamiento de cóctel de gambas u otros mariscos, ensaladas y carnes.

Salsiki

Para 200 ml de salsa

Dificultad: baja

Tiempo: 15 minutos

Salsa *teriyaki*

Ingredientes:

150 ml de salsa tamari

150 ml de mirin

50 ml de sake

50 g de azúcar

Preparación:

Verter el tamari, el sake y el mirin en un cazo y calentar a fuego suave. Cuando la mezcla rompa a hervir, añadir el azúcar y continuar con la cocción, a fuego lento y sin parar de remover, durante 10 minutos, hasta que la salsa se reduzca y parezca un caramelo.

Transcurrido este tiempo, retirar el cazo del fuego y dejar enfriar la salsa. Una vez que la salsa esté fría queda lista para consumir.

Salsa kétchup

Para 200 g de salsa

Dificultad: baja

Tiempo: 40 minutos

Preparación:

Escaldar los tomates en agua hirviendo durante unos 2 minutos. Después, pelarlos y picarlos. Pelar y picar la cebolla y el diente de ajo; picar el pimiento.

En una cazuela a fuego medio con el aceite de oliva, freír la cebolla y el ajo. Cuando la cebolla esté transparente, agregar el pimiento y el tomate y dejar cocer durante 15 minutos, removiendo de vez en cuando con una cuchara de madera.

Pasado este tiempo, incorporar el resto de los ingredientes y dejar cocer hasta que espese. Retirar la rama de canela y pasar la salsa por un colador chino.

Ingredientes:

500 g de tomates tipo pera

½ pimiento rojo

½ cebolla

1 diente de ajo

1 cucharadita de azúcar de caña

1 cucharada de miel

20 ml de vinagre de vino blanco

40 ml de aceite de oliva

½ cucharadita de pimentón dulce

½ cucharadita de mostaza en polvo

1 pizca de pimienta molida

1 clavo de olor

½ rama de canela

sal

Salsa teriyaki

Para 250 g de salsa

Dificultad: media

Tiempo: 20 minutos (más el tiempo de reposo)

Salsa de mostaza

Ingredientes:

200 g de semillas de mostaza rubia

1 cucharadita de sal

1 cucharada de cúrcuma molida

1 cucharadita de ajo seco molido

2 cucharadas de miel

1 cucharadita de estragón seco

3 cucharadas de vinagre de estragón

3 cucharadas de agua helada

Preparación:

Triturar en la picadora las semillas de mostaza durante 3 minutos.

Incorporar la sal, el vinagre y seguir triturando 3 minutos más. A continuación agregar el agua muy fría y triturar unos minutos más. Si hiciera falta, incorporar más agua, siempre helada, hasta conseguir una textura suave pero consistente.

Añadir entonces la cúrcuma, el estragón, la miel y el ajo, y volver a triturar unos minutos más hasta que todos los ingredientes se hayan integrado.

Verter la salsa en un frasco con tapa y dejarla reposar en el frigorífico al menos 12 horas antes de consumirla.

Para 250 g de salsa

Dificultad: media

Tiempo: 10 minutos

Salsa mayonesa casera

Ingredientes:

1 huevo

200 ml de aceite de oliva suave

1 cucharadita de zumo de limón

sal

Preparación:

Cascar el huevo y disponerlo en el vaso de la batidora. Incorporar el aceite, el zumo de limón y sal al gusto.

Colocar la batidora en el fondo del vaso y batir a velocidad máxima. Subir poco a poco la batidora para que la salsa vaya ligando hasta que todo el aceite se haya integrado.

Retirar la mayonesa del vaso de la batidora y guardar en un cuenco tapado en el frigorífico. Consumir en las 24 horas siguientes.

Salsa de mostaza

Crema de sésamo
(tahini)

Para 250 g de crema

Dificultad: baja

Tiempo: 15 minutos

Ingredientes:

200 g de semillas de sésamo

1 diente de ajo

el zumo de ½ limón

50 ml de aceite de oliva virgen

sal

Preparación:

Precalentar el horno a 180 °C.

Extender las semillas de sésamo en la bandeja del horno y tostarlas durante 5 minutos, hasta que estén un poco doradas, pero con cuidado de que no lleguen a explotar.

A continuación, echar las semillas en el vaso de la batidora, añadir el aceite y un poco de agua, y batir hasta obtener una pasta espesa y cremosa.

Incorporar entonces el zumo de limón y el ajo, y volver a batir hasta que queden integrados. Probar de sal.

Una vez lista la crema, guardarla en un tarro de cristal.

Para 4 personas

Dificultad: baja

Tiempo: 30 minutos

Ensalada de guacamole con nachos

Ingredientes:

8 tortillas de maíz (ver pág. 20)

3 aguacates no muy maduros

2 tomates rojos

1 cebolla

3 ramas de cilantro

el zumo de 1 limón

aceite de oliva virgen

aceite de oliva para freír

sal

Preparación:

Pelar y picar la cebolla; lavar y cortar en trozos pequeños el tomate; lavar y picar el cilantro.

Abrir los aguacates por la mitad, extraer la pulpa y cortarla en dados pequeños, disponerlos en un cuenco y rociar con un poco del zumo de limón para evitar que se ennegrezcan.

A continuación, añadir la cebolla y el tomate picados; condimentar con el cilantro, un chorrito de aceite de oliva, el resto del zumo de limón y sal. Mezclar todo bien y reservar en la nevera durante 15 minutos.

Cortar las tortillas en triángulos; calentar abundante aceite para freír en una sartén y freír en él los trozos de tortilla para obtener así los nachos.

Cuando estén dorados, retirarlos de la sartén, disponerlos sobre un plato con papel de cocina y salarlos al gusto.

Servir la ensalada acompañada de los nachos.

Para 2 personas

Dificultad: baja

Tiempo: 30 minutos

Pizza margarita

Ingredientes:

1 base de pizza (ver pág. 22)

3 dientes de ajo

1 tomate maduro grande

50 g de queso mozzarella

5 hojas de albahaca

5 cucharadas de salsa de tomate casera (ver pág. 24)

aceite de oliva virgen

pimienta

sal

Preparación:

Precalentar el horno a 220 °C.

Colocar la base de pizza en una placa de horno untada con aceite de oliva y repartir la salsa de tomate por la superficie. Hornearla durante 8 minutos.

Mientras tanto, lavar y cortar en rodajas el tomate; pelar y picar el ajo; rallar la mozzarella.

Pasados los 8 minutos, retirar la base de pizza del horno, cubrirla con la mozzarella, las rodajas de tomate, las hojas de albahaca y el ajo picado. Espolvorear todo con pimienta y sal y rociar con un buen chorro de aceite de oliva.

Hornear de nuevo la pizza hasta que se dore y el queso quede bien fundido.

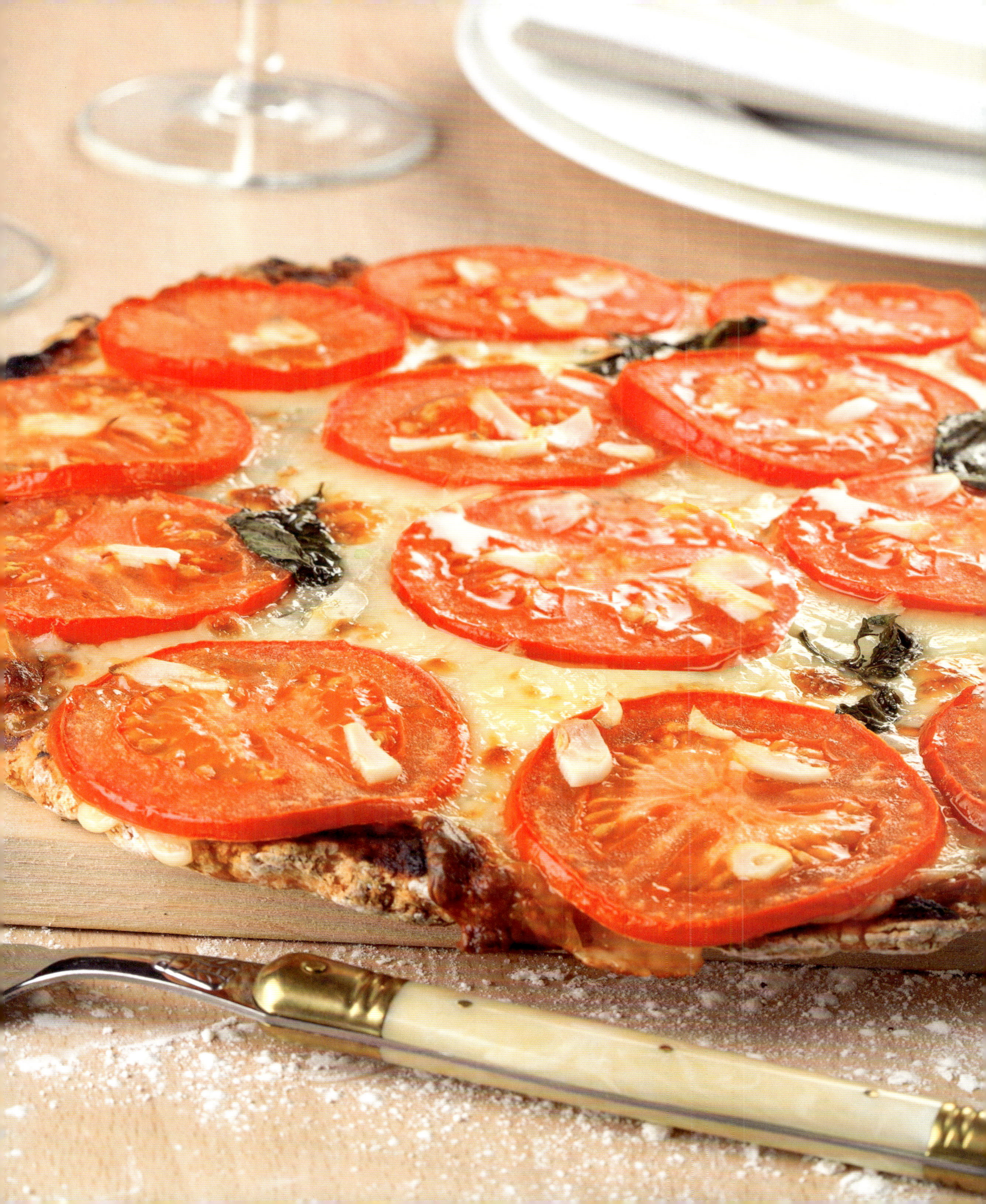

Para 5 personas

Dificultad: media

Tiempo: 2 horas

Rollitos de col con carne

Ingredientes:

1 kg de carne de cerdo picada

100 g de arroz cocido

1 cebolla

1 col

1 hoja de laurel

6 cucharadas de salsa de tomate casera (ver pág. 24)

aceite de oliva virgen

pimienta molida y en grano

sal

Preparación:

Pelar y picar la cebolla, y sofreírla en una sartén grande con un chorro de aceite.

Cuando esté transparente, añadir el arroz y continuar con la cocción, a fuego lento y sin parar de remover, durante 5 minutos.

Pasado este tiempo, retirar del fuego la sartén y agregar la carne, una cucharada de salsa de tomate, una pizca de pimienta molida y sal al gusto. Mezclar todo bien y reservar.

A continuación, escaldar y escurrir las hojas de col más tiernas y poner encima de cada una dos cucharadas de la carne preparada anteriormente; enrollar las hojas de col y sujetarlas con palillos de madera para que no se abran.

Seguidamente, cortar y lavar el resto de la col; disponerla en una cazuela y colocar encima de la col los rollos de carne.

Cubrir todo con agua, agregar el resto de la salsa de tomate y condimentar con unos granos de pimienta y el laurel. Cocer con la cazuela tapada a fuego lento durante 1 hora y 30 minutos.

Servir los rollitos de carne con la col bien calientes.

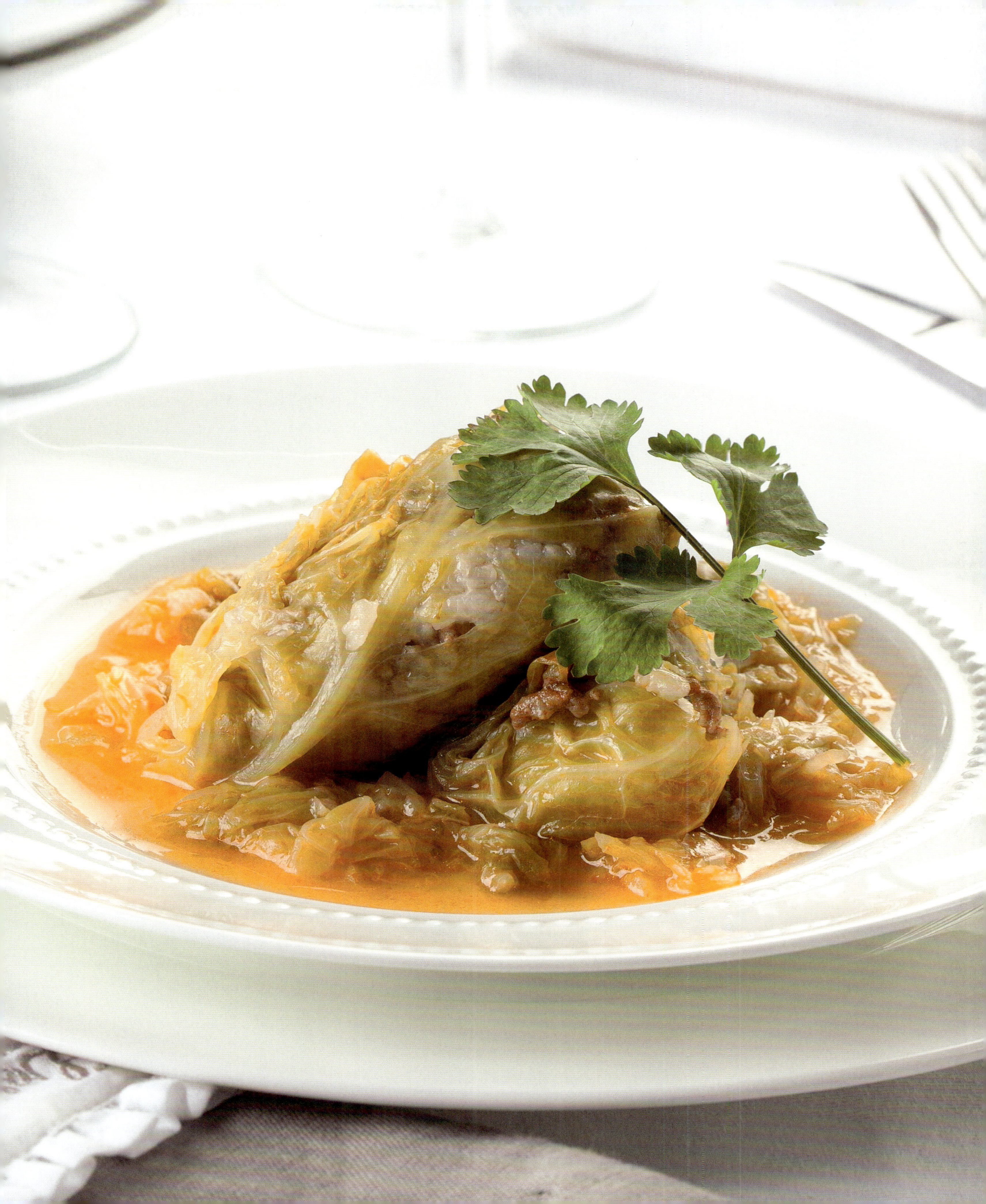

Para 4 personas

Dificultad: baja

Tiempo: 20 minutos

Crema de garbanzos *(hummus)*

Ingredientes:

400 g de garbanzos cocidos

75 g de crema de sésamo casera (ver pág. 32)

1 diente de ajo

75 ml de caldo de ave casero (ver pág. 11)

el zumo de ½ limón

aceite de oliva virgen

perejil

pimentón dulce

pan de pita sin gluten (ver pág. 19)

sal

Preparación:

Disponer los garbanzos en el vaso de la batidora. Añadir el ajo pelado, la crema de sésamo, el zumo de limón y una pizca de sal; batir, incorporando poco a poco el caldo, hasta conseguir una crema espesa y suave.

Cuando esté lista, con una textura lisa y sin grumos, pasarla a un plato llano y extenderla con una cuchara.

Por último, espolvorearla con un poco de perejil picado y pimentón dulce, y verter por encima un chorro de aceite de oliva.

Servir la crema de garbanzos acompañada de pan de pita sin gluten.

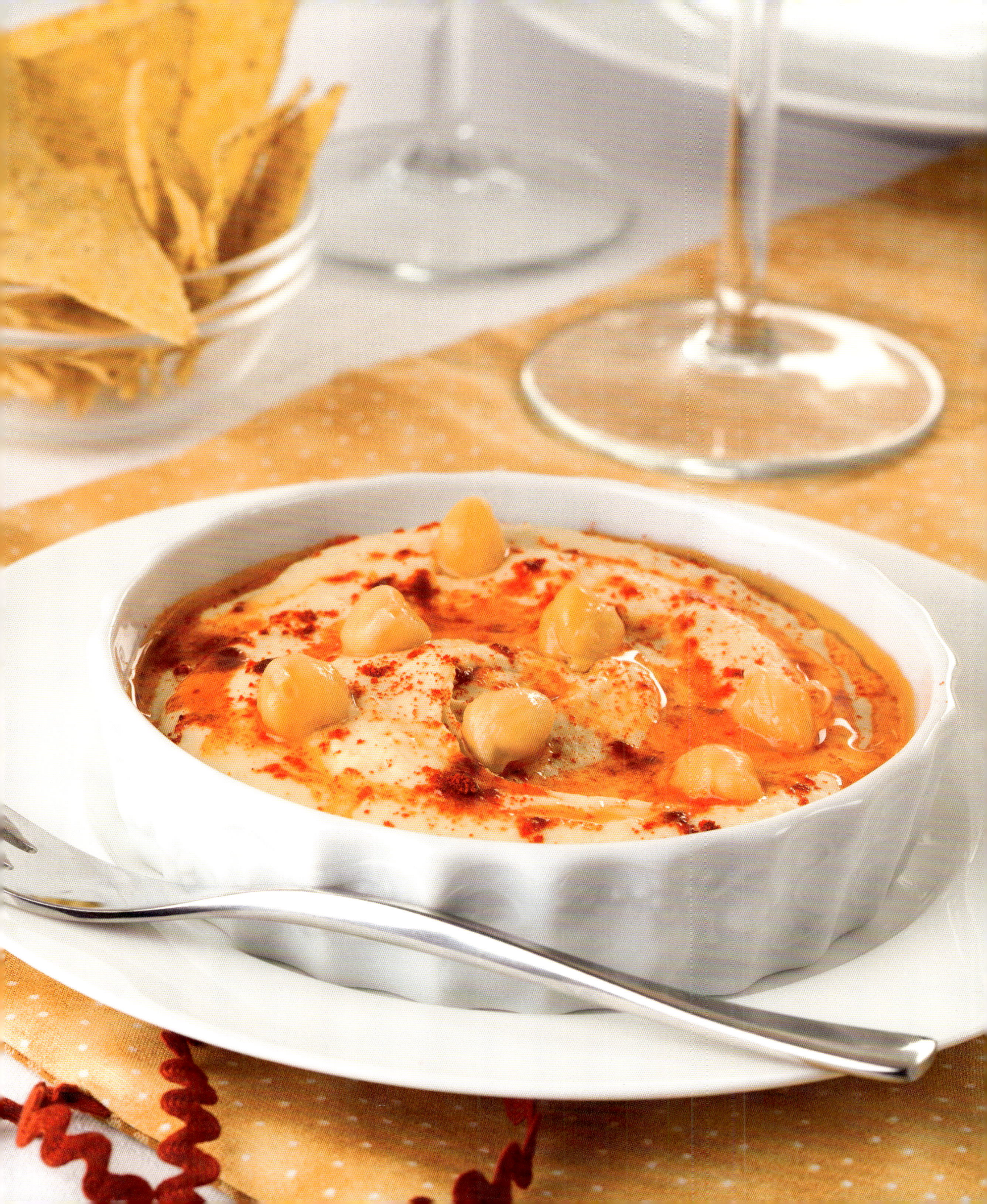

Para 4 personas

Dificultad: media

Tiempo: 50 minutos (más el tiempo de remojo)

Croquetas de garbanzos *(falafel)*

Ingredientes:

500 g de garbanzos secos

3 cebolletas

3 dientes de ajo

70 g de cilantro fresco picado

70 g de perejil fresco picado

1 cucharada de bicarbonato

mezcla de 7 especias (ver pág. 13)

aceite de oliva para freír

salsa de yogur con pepino (ver pág. 26)

pan de pita sin gluten (ver pág. 19)

sal

Preparación:

Poner los garbanzos en remojo durante 24 horas. Deben quedar bien hidratados.

Cuando se vaya a elaborar la receta, escurrir los garbanzos, lavarlos y picarlos, sin cocer, en una picadora junto con el cilantro, el perejil, las cebolletas y el ajo.

Seguidamente, condimentar con la mezcla de 7 especias, el bicarbonato y sal al gusto. Volver a pasar por la picadora hasta obtener una masa homogénea y dejarla reposar durante 30 minutos.

Pasado este tiempo, elaborar croquetas redondas con la masa (si es demasiado líquida, se puede añadir un poco de pan rallado sin gluten) y freírlas en abundante aceite de oliva, a fuego medio para que se hagan bien por dentro.

Cuando estén doradas, retirarlas y ponerlas sobre papel de cocina para que escurran el exceso de grasa.

Acompañar las croquetas con salsa de yogur con pepino y pan de pita.

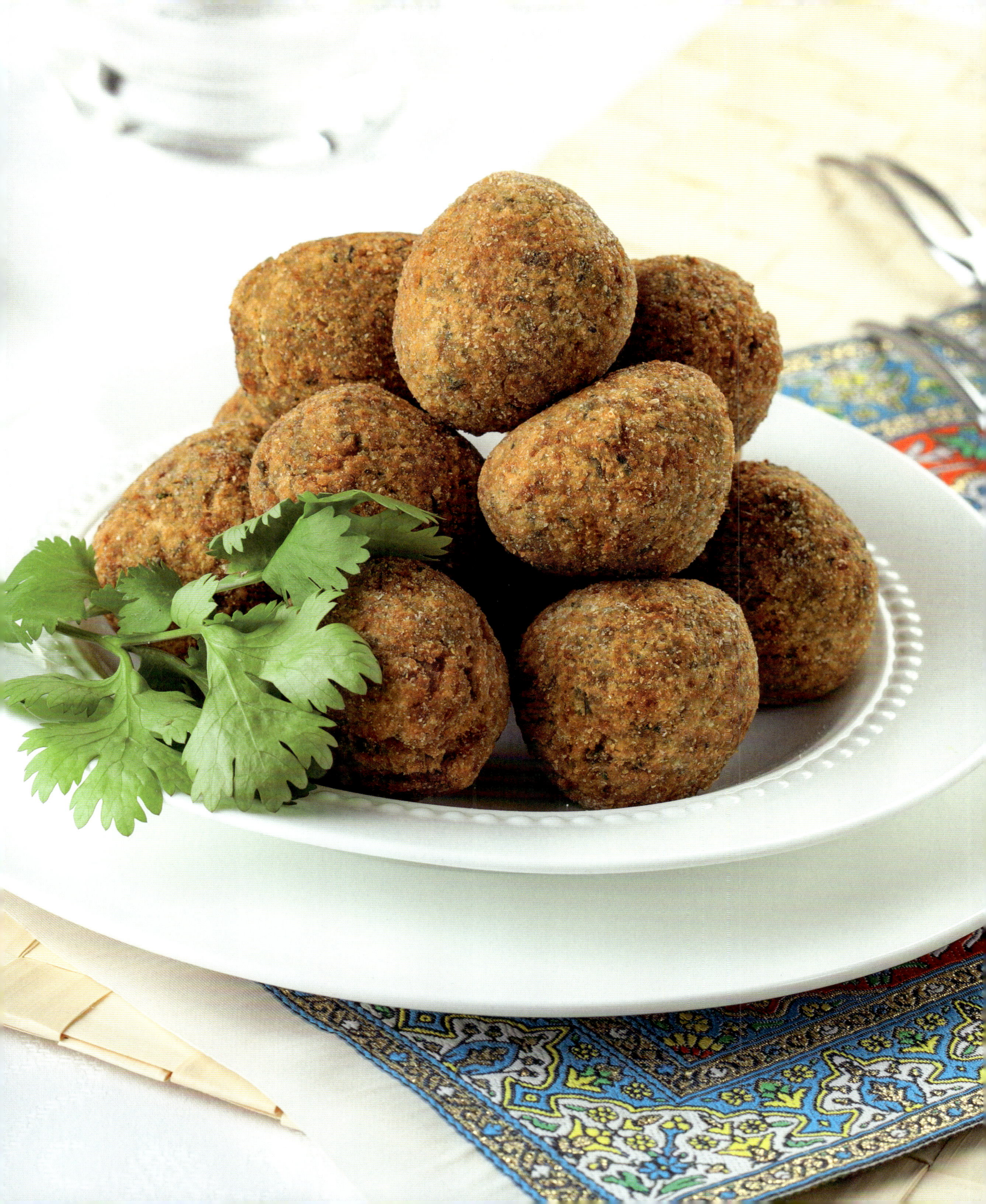

Para 4 personas

Dificultad: baja

Tiempo: 40 minutos

Tempura de verduras

Ingredientes:

2 zanahorias

2 berenjenas

2 puerros

½ pimiento verde

½ pimiento rojo

100 g de harina de maíz

100 g de harina de arroz

1 cucharadita de bicarbonato

200 ml de agua helada

1 yema de huevo

aceite de oliva para freír

salsa tamari

sal

Preparación:

Mezclar en un cuenco las harinas, el huevo, el bicarbonato, sal y el agua hasta conseguir una masa lisa y sin grumos. Dejar reposar durante 30 minutos en el frigorífico y con el cuenco tapado.

Mientras tanto, preparar las verduras y cortarlas en tiras finas. Calentar el aceite en una sartén honda.

Pasado el tiempo de reposo de la masa y cuando el aceite esté bien caliente, pasar por ella, una a una, las tiras de verdura e ir friéndolas por tandas. Cuando estén doradas, retirar con la espumadera y disponer sobre papel absorbente para que suelten el exceso de aceite.

Servir de inmediato acompañado de un cuenco con salsa tamari.

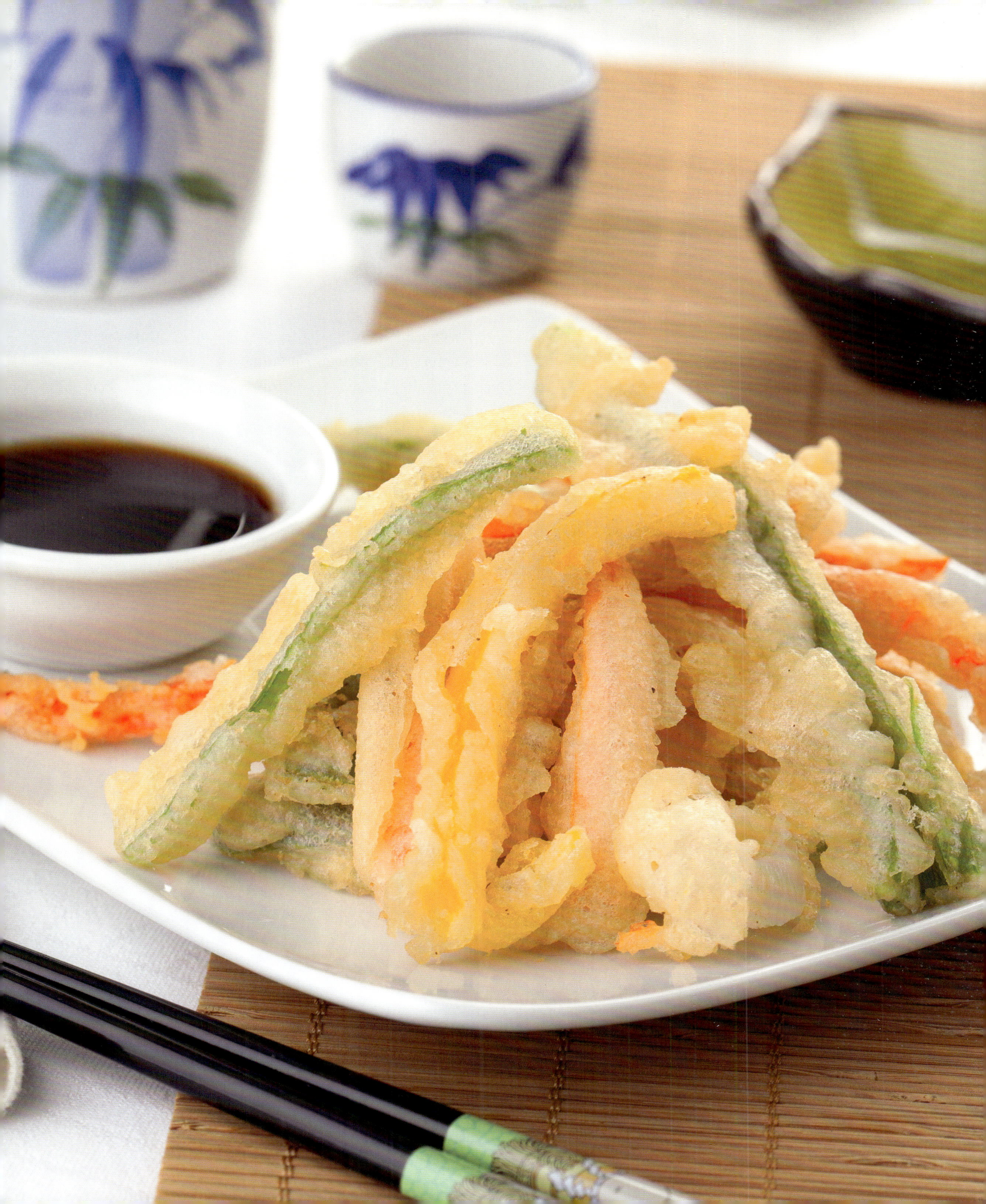

Para 4 personas

Dificultad: baja

Tiempo: 30 minutos

Tallarines a la carbonara

Ingredientes:

400 g de tallarines frescos caseros (ver pág. 18)

200 g de panceta curada

3 dientes de ajo

200 g de queso parmesano

2 huevos

100 ml de vino blanco

aceite de oliva virgen

pimienta

sal

Preparación:

Poner al fuego una cazuela con abundante agua con sal. Cuando rompa a hervir, echar los tallarines y cocerlos hasta que estén al dente.

Mientras tanto, pelar y picar los ajos, y cortar en trozos pequeños la panceta.

Calentar un buen chorro de aceite en una sartén grande y sofreír la panceta. Cuando comience a dorarse, incorporar el ajo picado y sofreír un par de minutos más, procurando que el ajo no se queme.

Seguidamente, agregar el vino y continuar con la cocción hasta que se reduzca un poco.

Batir los huevos en un cuenco y añadirles el parmesano rallado. Mezclar bien hasta obtener una crema.

Una vez que se haya reducido el vino, añadir la crema de huevo con queso a la sartén y remover con una cuchara de madera hasta que cuaje un poco. Condimentar con una pizca de pimienta, retirar del fuego y reservar.

Una vez cocidos los tallarines, escurrirlos bien y añadirlos a la sartén de la salsa. Calentar a fuego lento y remover hasta que se derrita el queso y quede todo bien ligado.

Servir el plato muy caliente.

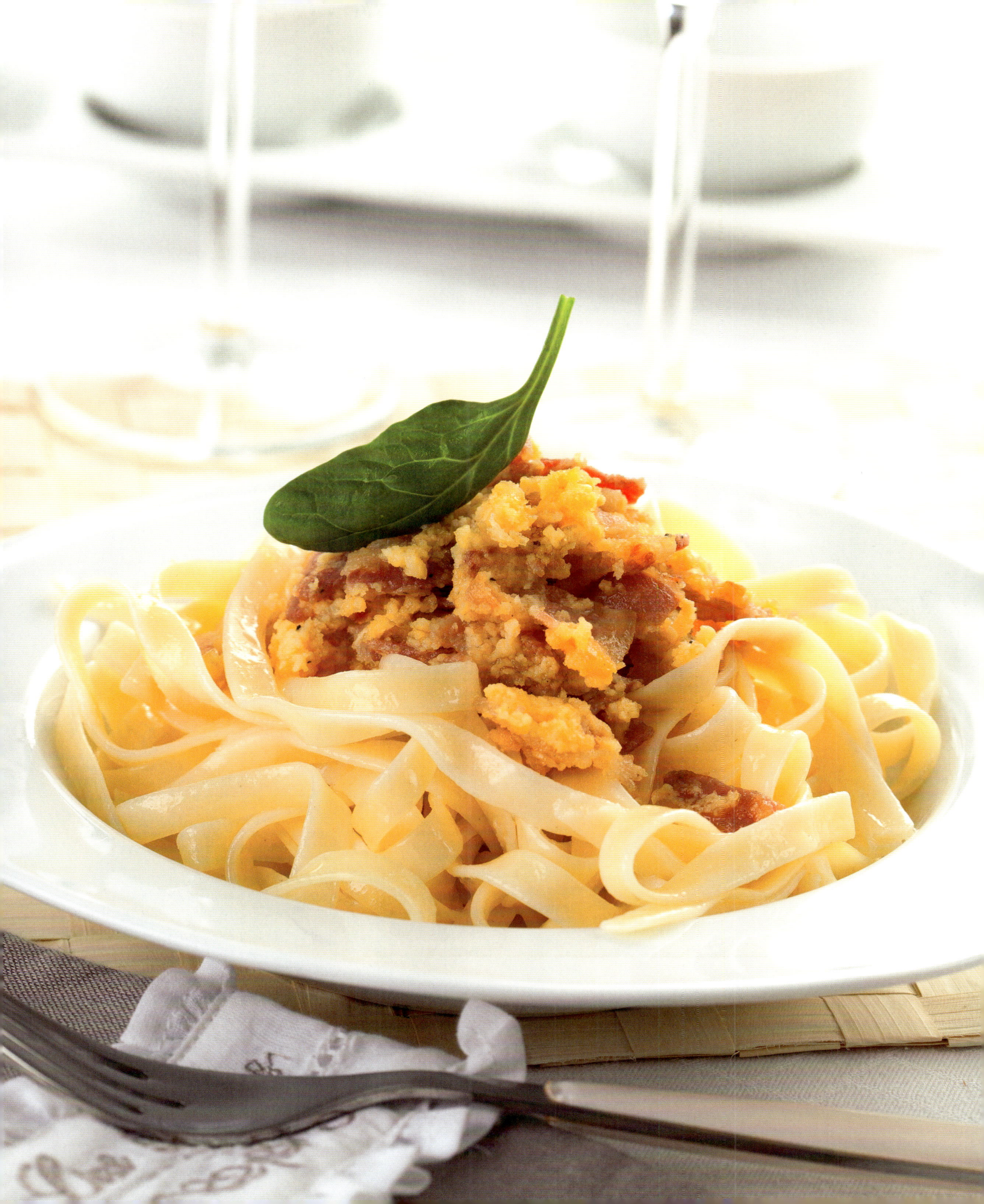

Para 6 personas

Dificultad: media

Tiempo: 2 horas y 45 minutos

Sopa de tomate con arroz

Ingredientes:

500 g de arroz

1 cucharada de maicena

200 ml de salsa de tomate casera (ver pág. 24)

200 ml de nata líquida

sal

Para el caldo:

500 g de carne de ternera

500 g de pollo

1 rama de apio

1 puerro

4 hojas de repollo

2 zanahorias

Preparación:

Lavar la ternera; limpiar y lavar el pollo; lavar el apio y el repollo; limpiar el puerro y las zanahorias.

En una olla grande, disponer las carnes y las verduras; verter agua hasta cubrirlo todo, tapar y cocer a fuego lento durante 2 horas.

Pasado este tiempo, colar el caldo y verterlo en una cazuela, añadir la salsa de tomate y la maicena diluida en un poco de agua, mezclar bien y cocer durante 15 minutos.

Cuando espese un poco, verter la nata, mezclar bien y continuar con la cocción a fuego lento.

Mientras tanto, calentar 1 litro de agua con sal y, cuando rompa a hervir, echar el arroz y cocerlo durante 15 minutos, procurando que quede entero.

Una vez listo el arroz, retirarlo del fuego, colarlo y agregarlo a la sopa. Mezclar bien y continuar con la cocción 5 minutos más.

Servir caliente.

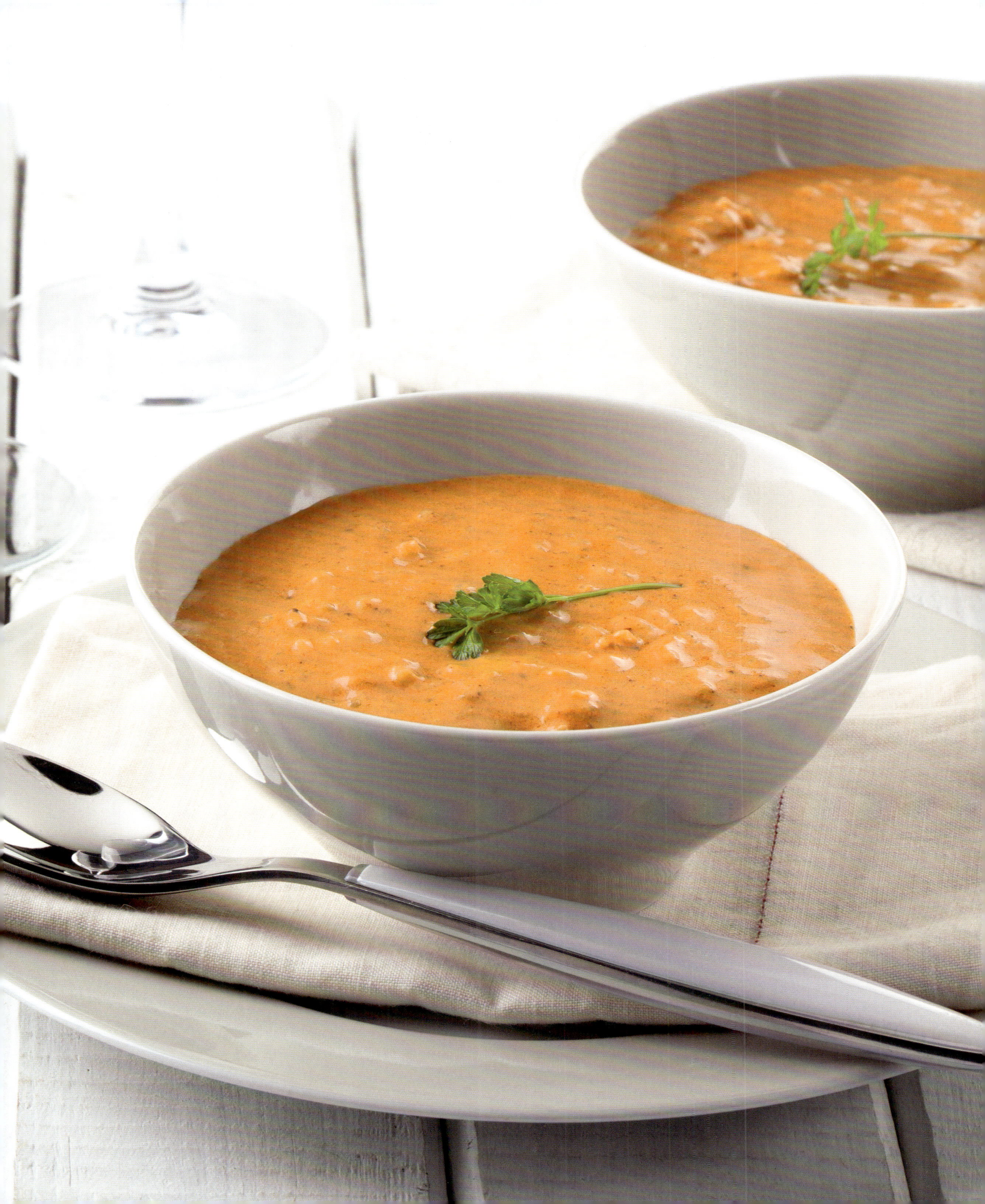

Para 4 personas

Dificultad: baja

Tiempo: 1 hora

Calabacines a la portuguesa

Ingredientes:

1 kg de calabacines

2 pimientos

3 tomates

2 cebollas

2 dientes de ajo

2 huevos

aceite de oliva virgen extra

harina de maíz para rebozar

queso rallado

pimienta

orégano

sal

Preparación:

Precalentar el horno a 180° C. Lavar y cocer los calabacines enteros durante 5 minutos en agua con sal. Pasado el tiempo, retirarlos del agua y dejar escurrir hasta que se enfríen.

Mientras tanto, pelar y cortar en rodajas la cebolla; pelar y majar los ajos; despepitar, lavar y cortar en tiras los pimientos; lavar y cortar los tomates en rodajas. Calentar aceite en una sartén y sofreír la cebolla; cuando esté transparente, agregar los ajos majados. Mezclar bien e incorporar los pimientos. Continuar con la cocción 5 minutos más.

Seguidamente, agregar el tomate, condimentar con pimienta, orégano y sal al gusto, mezclar y cocer a fuego lento hasta obtener una salsa algo espesa.

Mientras se fríe el tomate, batir los huevos en un cuenco y poner harina de maíz en un plato. Seguidamente, cortar los calabacines, ya fríos, en rodajas; pasar por el huevo batido y después por la harina de maíz. Freír los calabacines rebozados en una sartén con abundante aceite por ambos lados hasta que estén dorados. Retirar y escurrir sobre papel absorbente.

Por último, disponer en una fuente refractaria una primera capa de calabacines y cubrir con la salsa. Repetir la operación y terminar con una capa de salsa. Espolvorear con queso rallado y gratinar durante 10 minutos. Servir caliente.

Carnes

Para 4 personas

Dificultad: media

Tiempo: 45 minutos

Cuscús

Ingredientes:

200 g de cuscús de maíz y arroz

2 muslos de pollo

100 g de garbanzos cocidos

1 cebolla

2 zanahorias

1 trozo de calabaza

1 calabacín

2 tomates maduros

50 g de pasas

1 ramita de canela

1 ramita de perejil

1 ramita de cilantro

1 hoja de laurel

1 pizca de cúrcuma

1 pizca de jengibre fresco rallado

2 clavos de olor

1 pizca de comino

1 pizca de pimienta

unas hebras de azafrán

aceite de oliva virgen extra

sal

Preparación:

Pelar y cortar en juliana la cebolla; pelar y cortar en trozos alargados las zanahorias; pelar, lavar y cortar en trozos medianos el calabacín y la calabaza; lavar y rallar los tomates. Reservar.

Quitar la piel, deshuesar y trocear el pollo. Lavar y dejar escurrir. Seguidamente, en una cazuela, calentar un chorro de aceite y rehogar la cebolla. Cuando esté transparente, agregar el pollo y rehogar durante 10 minutos. Pasado este tiempo, añadir el tomate y condimentar con sal, y las hierbas y especias. Una vez frito el tomate, verter agua en la cazuela hasta cubrir el pollo, taparla y cocer a fuego medio.

Cuando comience a hervir el agua, incorporar la zanahoria y continuar con la cocción 5 minutos más. Pasado este tiempo, añadir los garbanzos cocidos, las pasas, el calabacín y la calabaza, mezclar bien y cocer a fuego medio otros 5 minutos, hasta que todas las verduras estén en su punto, procurando que no queden demasiado tiernas.

Mientras se cuecen las verduras, disponer el cuscús en una fuente y prepararlo, siguiendo las instrucciones del fabricante. Una vez esté todo listo, poner el cuscús en un plato grande, hacer un hueco en el centro y colocar en este el pollo, y encima de todo, las verduras, alternando los colores. Finalmente, verter sobre él un poco de caldo y servir bien caliente.

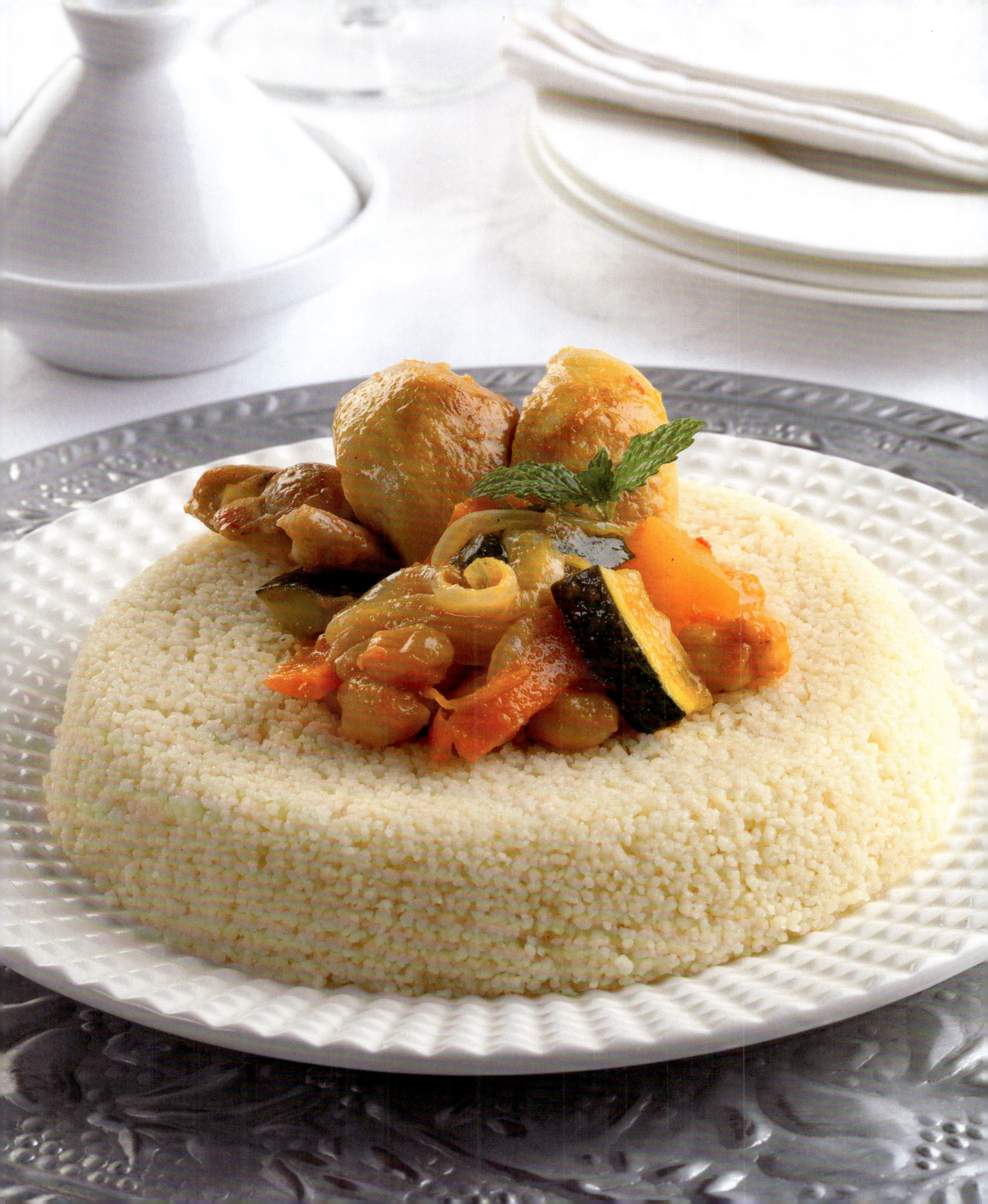

Para 4 personas

Dificultad: baja

Tiempo: 45 minutos

Tacos de pollo

Ingredientes:

8 tortillas de maíz (ver pág. 20)

250 g de pollo deshuesado y cortado en tiras

1 cebolla

1 pimiento rojo

1 pimiento verde

1 tomate maduro

aceite de oliva virgen

sal

Preparación:

Pelar la cebolla y cortarla en juliana; lavar los pimientos, quitarles las semillas y cortarlos en juliana; lavar y rallar el tomate.

Calentar un chorro de aceite en una sartén y sofreír la cebolla junto con los pimientos durante 8 minutos.

A continuación, agregar el pollo, salar al gusto, mezclar todo bien y sofreír durante 5 minutos más.

Una vez sofrito el pollo, añadir el tomate y continuar la cocción a fuego lento, con la sartén tapada, durante 15 minutos. Cuando la carne esté tierna, y el tomate, frito, retirar la sartén del fuego y reservar.

Calentar las tortillas en una sartén sin aceite, por ambos lados.

Cuando estén bien calientes, echar en el centro de cada una parte de la mezcla de pollo y verduras, y enrollarlas.

Servir los tacos calentitos.

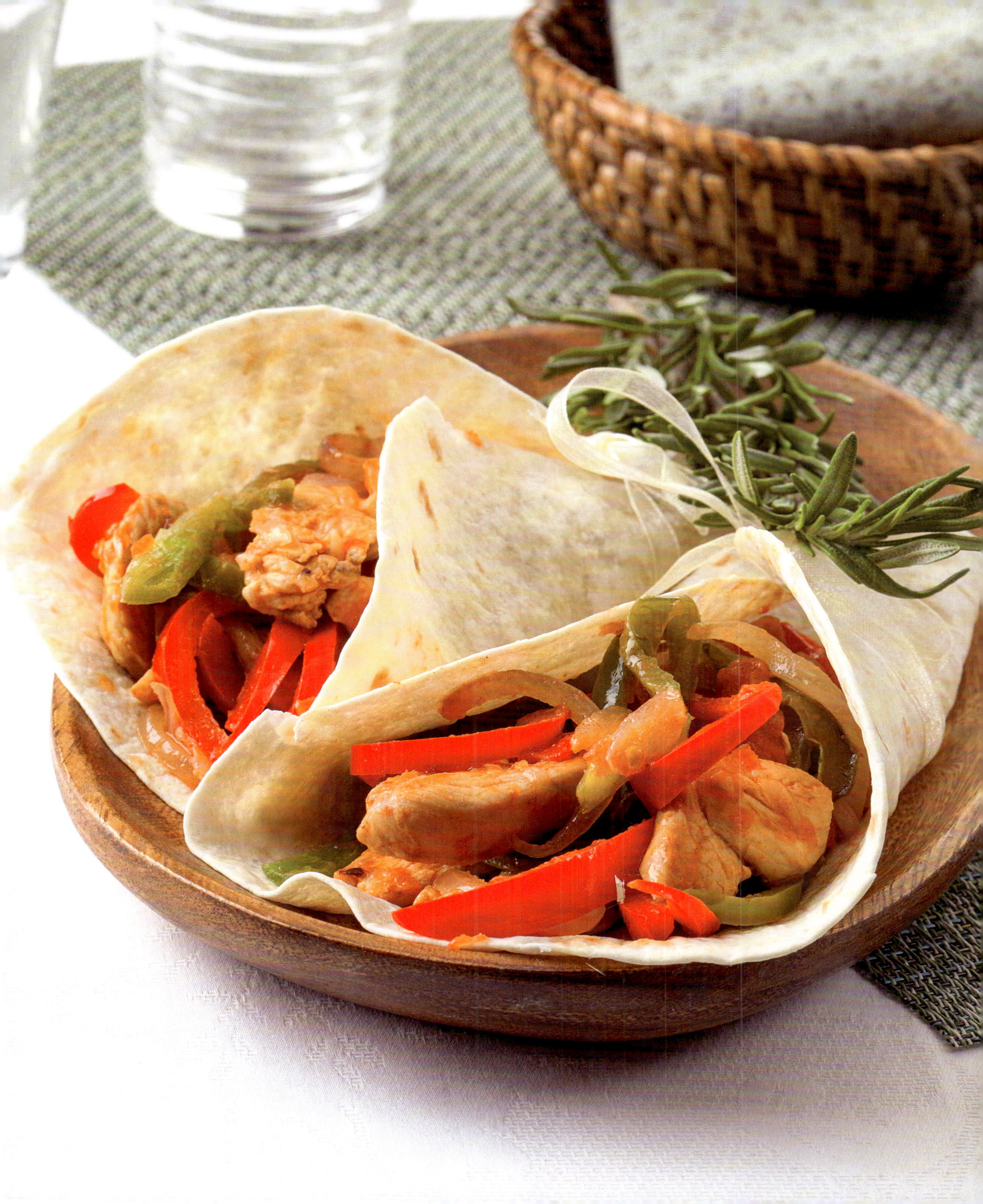

Para 4 personas

Dificultad: baja

Tiempo: 2 horas y 30 minutoss

Goulash de ternera

Ingredientes:

800 g de carne de ternera

2 cebollas

3 tomates maduros

1 diente de ajo

1 cucharada de maicena

3 cucharadas de nata agria

1 cucharadita de alcaravea

1 cucharada de pimentón dulce

200 ml de caldo de carne casero

1 pizca de pimienta

aceite de oliva

sal

Preparación:

Retirar la grasa a la carne, lavarla y cortar en dados. En una cazuela, calentar un chorro de aceite y saltear la carne, removiendo de vez en cuando hasta que se dore por todos sus lados. Cuando la carne esté dorada, retirarla de la cazuela y reservarla en un cuenco tapado.

Mientras tanto, pelar y cortar en rodajas la cebolla; pelar y picar el ajo; pelar y cortar en trozos los tomates. En la misma cazuela de la carne, sofreír la cebolla a fuego lento. Cuando esté transparente, añadir el ajo y la alcaravea; mezclar bien y continuar con la cocción 5 minutos más.

Pasado este tiempo, retirar la cazuela del fuego y agregar el pimentón y la maicena. Mezclar muy bien, removiendo con una cuchara de madera unos minutos.

A continuación, añadir los tomates y el caldo; salpimentar al gusto; mezclar bien y volver a poner al fuego. Cuando comience a hervir, agregar la carne a la cazuela, tapar y continuar con la cocción a fuego lento durante 2 horas.

Cuando la carne esté bien tierna, retirar del fuego, rectificar, si es necesario, de sal y añadir la nata. Mezclar bien y servir inmediatamente.

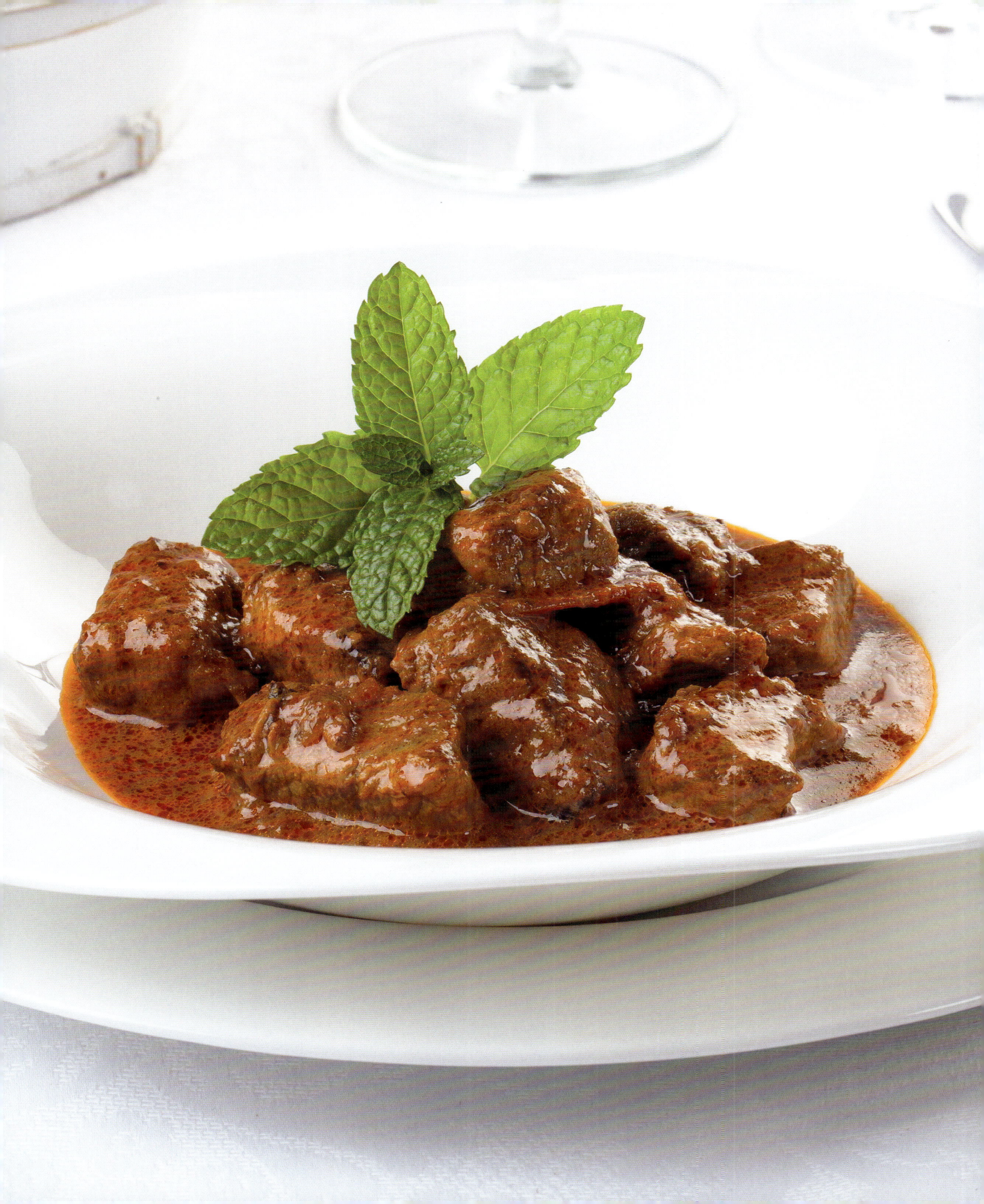

Para 4 personas

Dificultad: baja

Tiempo: 20 minutos

Pollo en salsa *teriyaki*

Ingredientes:

2 pechugas de pollo

6 cucharadas de azúcar

100 ml de salsa teriyaki casera (ver pág. 28)

aceite de girasol

sésamo para decorar

pimienta

sal

arroz hervido para acompañar

Preparación:

Lavar las pechugas y cortarlas en trozos pequeños.

A continuación, verter un chorro de aceite en una sartén y, cuando esté muy caliente, echar la carne.

Saltearla unos minutos y agregar la salsa *teriyaki*. Mezclar todo bien, salpimentar, subir el fuego y cocer hasta que se reduzca el líquido.

En ese momento, agregar el azúcar, remover y continuar con la cocción a fuego lento.

Cuando se caramelice el azúcar, retirar el pollo del fuego, decorar con sésamo y servirlo inmediatamente con arroz hervido.

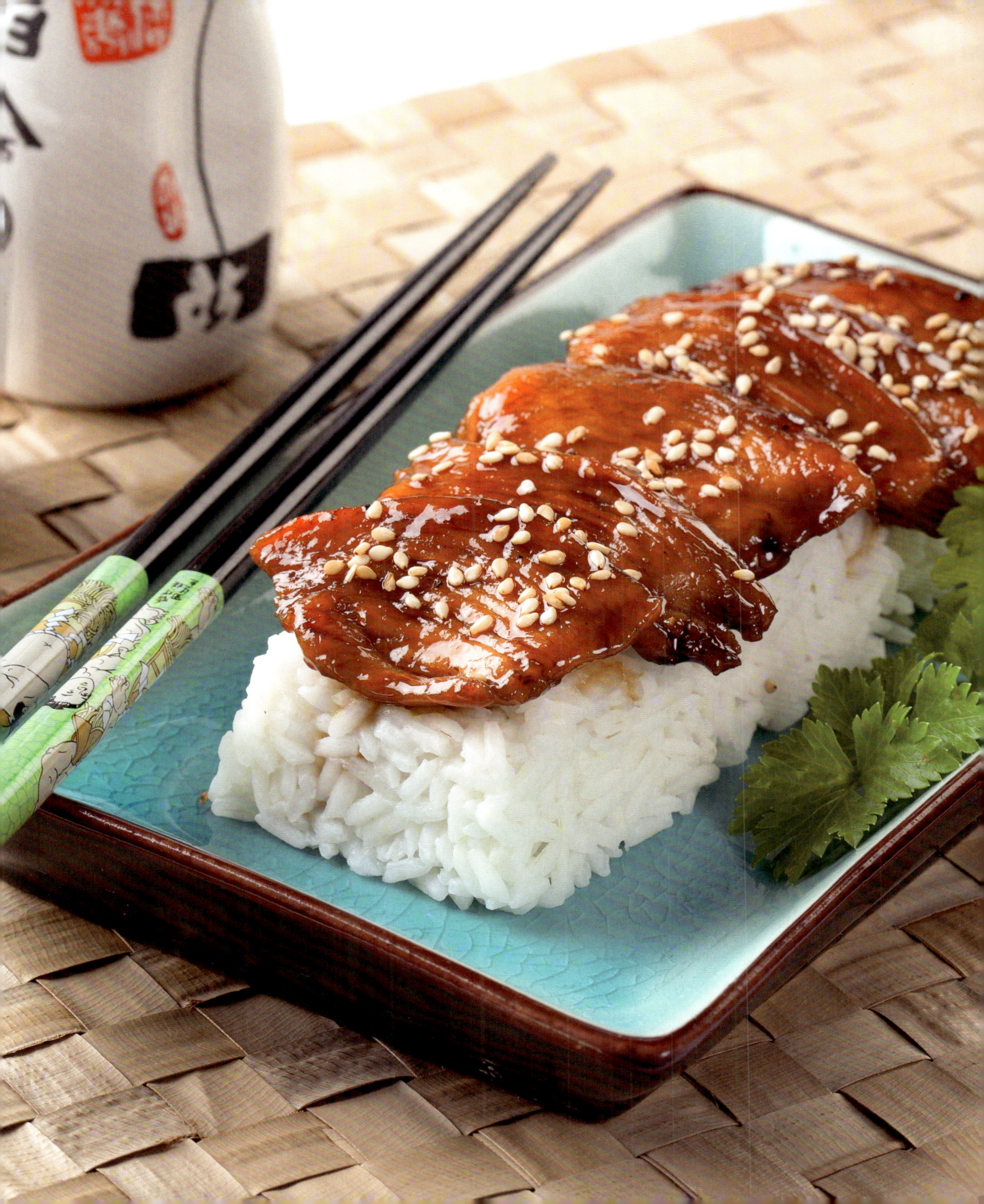

Para 6 personas

Dificultad: media

Tiempo: 2 horas (más el tiempo de reposo)

Manitas de cerdo marinadas

Ingredientes:

2 kg de manitas de cerdo

1 cebolla

1 kg de pepinos

6 dientes de ajo

2 guindillas

2 cucharadas de salsa de mostaza casera (ver pág. 30)

el zumo de 12 limones

vinagre

sal

Preparación:

Limpiar las manitas y quitarles las cerdas con una cuchilla de afeitar; volver a lavarlas y cocerlas en agua hirviendo durante 5 minutos.

Retirarlas del fuego, cambiarles el agua y cocerlas, con los ajos y sal al gusto, hasta que estén tiernas.

Mientras tanto, pelar y cortar en rodajas la cebolla y los pepinos. Ponerlos en una fuente honda de vidrio y verter sobre ellos el zumo de limón. Condimentar con las guindillas troceadas, la mostaza, un chorro de vinagre y sal al gusto. Dejar reposar durante 1 hora.

Cuando las manitas estén listas, escurrirlas y reservar 500 ml del caldo de cocción.

Finalmente, disponer las manitas en el aliño de pepino y cebolla preparado; verter sobre ellas el agua de cocción reservada y mezclar todo bien.

Dejar el plato a temperatura ambiente como mínimo 3 horas. Escurrir bien y servir.

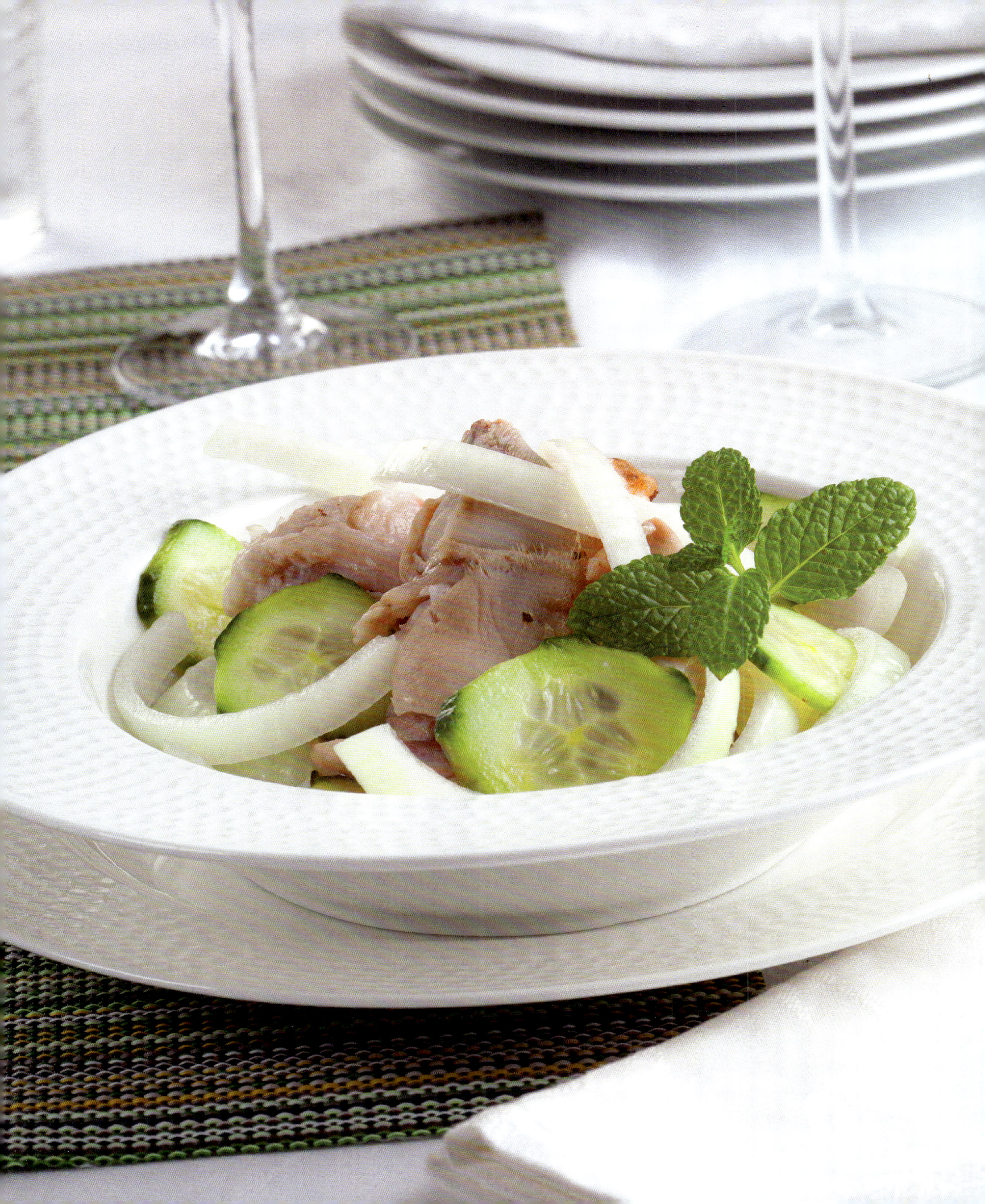

Para 4 personas

Dificultad: media

Tiempo: 1 hora (más el tiempo de refrigeración)

Croquetas de butifarra y boletos

Ingredientes:

100 g de boletos (Boletus edulis)

1 butifarra

2 cucharadas de maicena

500 ml de leche

1 cebolla pequeña

1 huevo

pan rallado sin gluten

aceite de oliva virgen

aceite de oliva para freír

nuez moscada

pimienta

sal

Preparación:

Calentar la leche en un cazo.

Lavar y trocear los boletos; pelar y picar la cebolla.

En una sartén con un buen chorro de aceite de oliva virgen, pochar la cebolla y cuando esté transparente incorporar los boletos. Sofreír todo hasta que las setas hayan soltado el agua y esta se haya evaporado.

A continuación, quitarle la tripa a la butifarra y agregarla al sofrito. Proseguir con la cocción, removiendo a menudo y aplastando la carne de la butifarra con un tenedor hasta que esté hecha pero jugosa.

En este momento agregar la maicena y remover bien hasta que quede integrada. Incorporar entonces la leche poco a poco hasta conseguir una preparación sin grumos y muy espesa. Salpimentar y añadir la nuez moscada. Dejar enfriar la pasta de las croquetas y luego meterla en el frigorífico durante 12 horas.

Pasado este tiempo, calentar abundante aceite para freír en una sartén honda o en una freidora. Retirar la masa del frigorífico y elaborar las croquetas; pasarlas por el huevo batido y luego por pan rallado, y freírlas en el aceite muy caliente hasta que estén doradas.

Dejarlas sobre papel de cocina para que suelten el exceso de aceite y servirlas tibias.

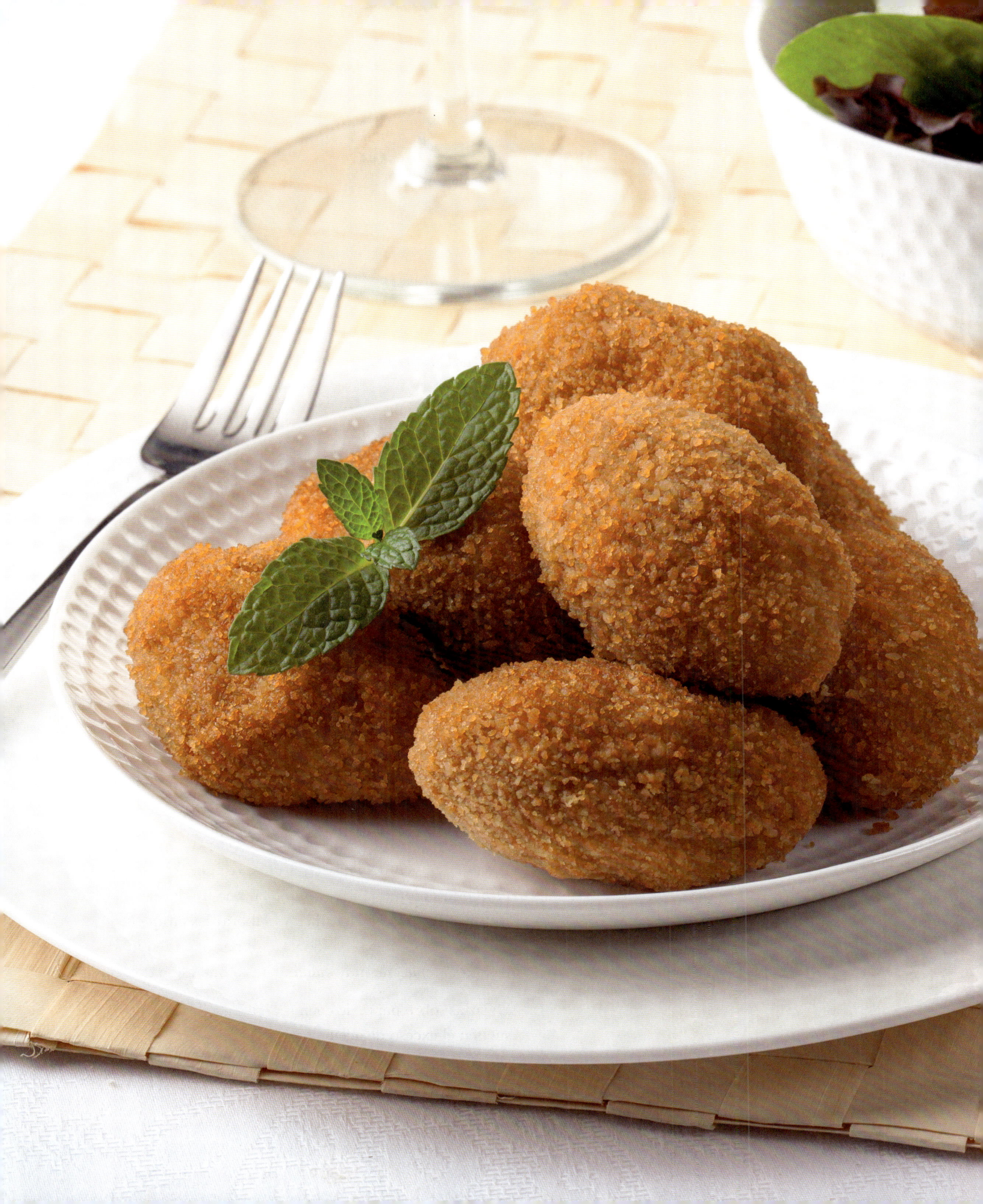

Para 4 personas

Dificultad: media

Tiempo: 1 hora (más el tiempo de refrigeración)

Pollo frito al estilo americano

Ingredientes:

1 pollo troceado y deshuesado

200 g de maicena

100 g de harina de arroz

100 g de harina de garbanzos

1 cucharada de tomillo

1 cucharada de pimentón dulce

1 cucharadita de curri

1 cucharadita de mejorana

1 cucharadita de nuez moscada

½ cucharadita de pimienta molida

2 dientes de ajo

aceite de maíz para freír

salsa barbacoa casera (ver pág. 24)

agua helada

sal

Preparación:

Si no se compra el pollo preparado, limpiarlo, quitarle el exceso de grasa y cortarlo en trozos pequeños, como de 5 cm de largo por 2 cm de ancho.

En un cuenco, mezclar las harinas y todas las especias, hierbas aromáticas, los dientes de ajo picados y sal; pasar la mitad de esta mezcla a otro cuenco.

Incorporar a uno de los cuencos agua helada hasta conseguir una masa con una textura de natillas ligeras. Echar el pollo en esta masa, remover para que todos los trozos se impregnen bien y tapar el cuenco con film transparente. Dejarlo en el frigorífico durante al menos 3 horas.

Pasado este tiempo, calentar abundante aceite de maíz en una sartén honda o en una freidora. Ir sacando uno a uno los trozos de pollo del rebozado, pasarlos por la mezcla seca de harinas y especias, y freírlos en el aceite muy caliente. Cuando adquieran un color dorado, retirar los trozos de pollo con una espumadera y dejarlos sobre papel de cocina para que suelten el exceso de aceite.

Servir de inmediato el pollo frito con la salsa barbacoa en una salsera.

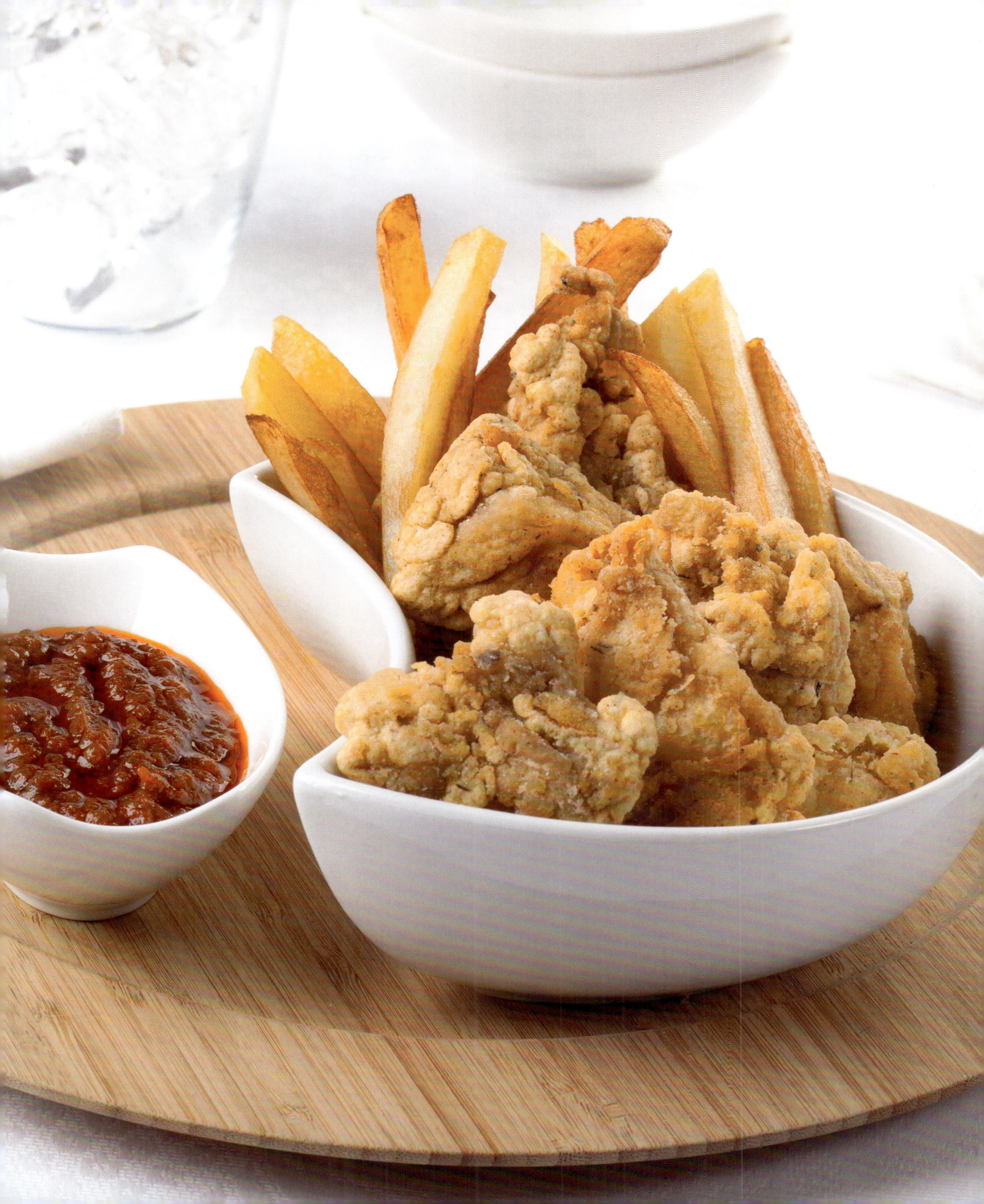

Para 4 personas

Dificultad: media

Tiempo: 1 hora

Bolitas de carne y patata

Ingredientes:

500 g de carne de cordero picada

1 cebolla

1 patata

2 huevos

3 rebanadas de pan sin gluten (ver pág. 16)

pan rallado sin gluten

el zumo de ½ limón

aceite de oliva para freír

pimienta

sal

Preparación:

Poner en un cuenco con agua el pan en remojo.

Pelar y picar muy fina la cebolla; pelar la patata y rallarla.

Mezclar en un cuenco la carne, la cebolla, la patata, el zumo de limón y el pan bien escurrido.

A continuación, añadir un huevo batido, salpimentar y volver a mezclar.

Elaborar pequeñas bolas con la masa, del tamaño de una ciruela.

Batir en un cuenco el otro huevo y preparar un plato con el pan rallado.

Pasar las bolitas de carne por el huevo y después por el pan, y freírlas en abundante aceite muy caliente hasta que estén doradas.

Escurrirlas sobre papel de cocina y servirlas acompañadas de ensalada.

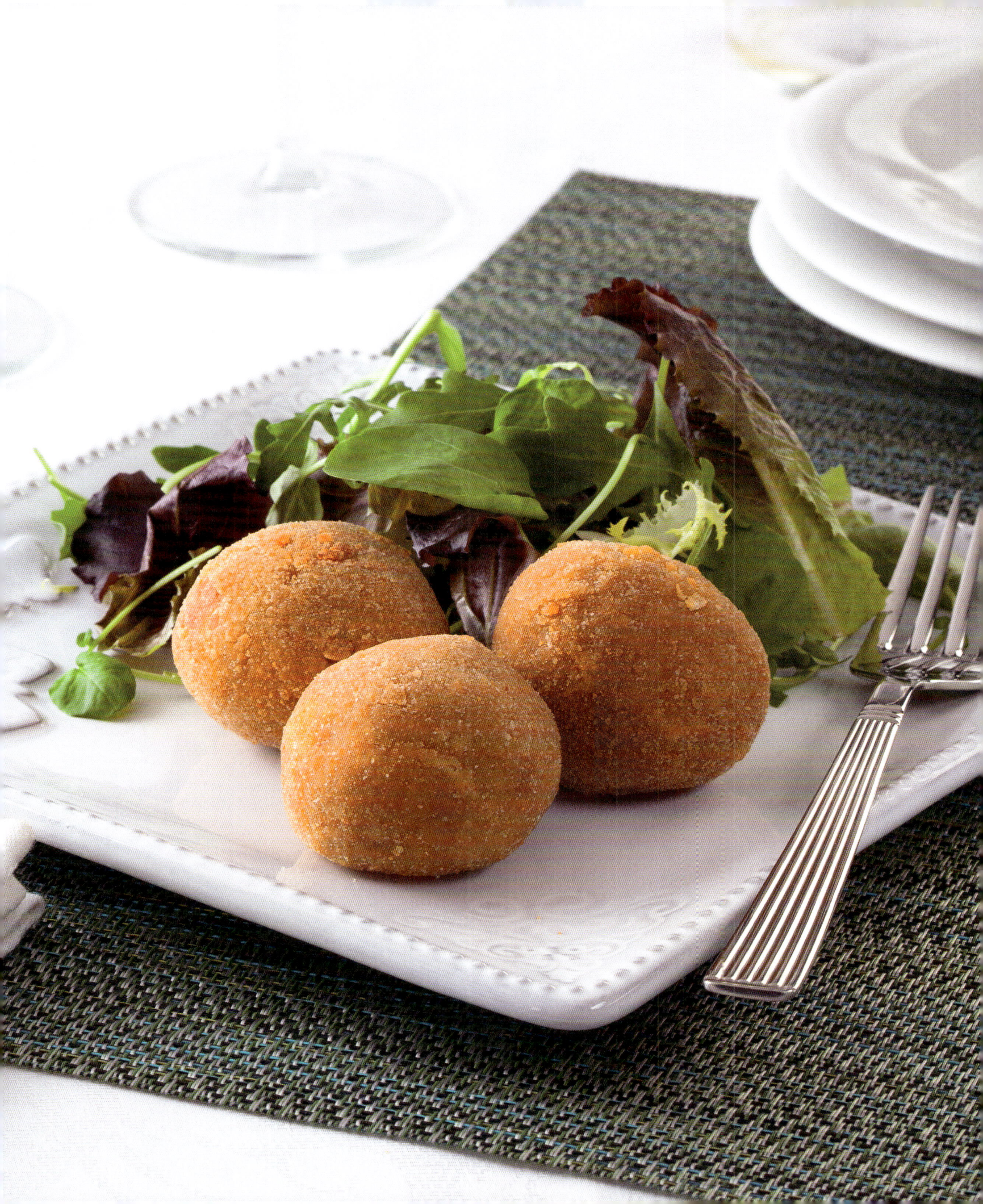

Para 4 personas

Dificultad: baja

Tiempo: 2 horas

Samosas de cordero

Ingredientes:

Para el relleno:

500 g de carne de cordero picada

1 cebolla

2 dientes de ajo

1 rama de menta

1 trozo de jengibre de 2 cm

el zumo de ½ limón

1 pizca de curri

1 pizca de pimentón dulce

½ cucharadita de semillas de comino

aceite de oliva

sal

Para la masa:

225 g de harina panificable sin gluten

80 ml de agua

2 cucharadas de aceite de oliva

sal

Preparación:

En un cuenco, disponer la harina y salar al gusto; mezclar y formar un volcán en la superficie de trabajo. Agregar el aceite y el agua tibia, y trabajar la preparación hasta obtener una masa suave. Formar una bola, colocarla en un cuenco, cubrir con un paño de cocina y dejar reposar a temperatura ambiente durante 30 minutos.

Mientras tanto, pelar y picar la cebolla y los ajos, y sofreírlos en una sartén con un chorro de aceite hasta que estén dorados.

En ese momento, agregar la carne picada; condimentar con la sal, las especias y con el jengibre rallado y sofreír la carne, removiendo con una cuchara de madera, hasta que esté dorada pero jugosa. Retirar del fuego y añadir la menta picada y el zumo de limón. Mezclar y reservar.

Pasado el tiempo de reposo, dividir la masa en 12 partes y elaborar bolas con las manos. Enharinar la superficie de trabajo y extender las bolas de masa hasta formar círculos de unos 15 cm de diámetro y 5 mm de grosor.

Seguidamente, dividir cada círculo en dos partes iguales y formar un cucurucho con cada parte. Rellenar con la carne y cerrarlas, humedeciendo antes los bordes con un poco de agua, como se hace con las empanadillas. Reservar.

Calentar abundante aceite en una sartén y freír las *samosas* hasta que estén bien doradas. Escurrirles el aceite con papel absorbente y servir calientes.

Pescados

Para 4 personas

Dificultad: baja

Tiempo: 1 hora

Atún a la siciliana

Ingredientes:

4 filetes de atún fresco

4 tomates

30 g de aceitunas negras sin hueso

30 g de aceitunas verdes sin hueso

4 ramitas de perejil

2 ramitas de albahaca

1 guindilla

1 cucharada de alcaparras

pan rallado sin gluten

aceite de oliva virgen

sal

Preparación:

Precalentar el horno a 180 °C.

Quitarle la piel al atún y lavarlo. Salarlo y dejarlo escurrir.

Escaldar los tomates, pelarlos, cortarlos en trozos pequeños y ponerlos en un cuenco.

Condimentar el tomate picado con la guindilla picada y sin semillas, el perejil y la albahaca bien picados y sal al gusto. Mezclar bien y agregar las aceitunas picaditas y las alcaparras. Remover de nuevo y reservar.

Untar una fuente para horno con aceite y colocar en ella las rodajas de atún. Verter la preparación reservada sobre el pescado y espolvorear todo con pan rallado.

Hornear el atún durante 35 minutos y servirlo.

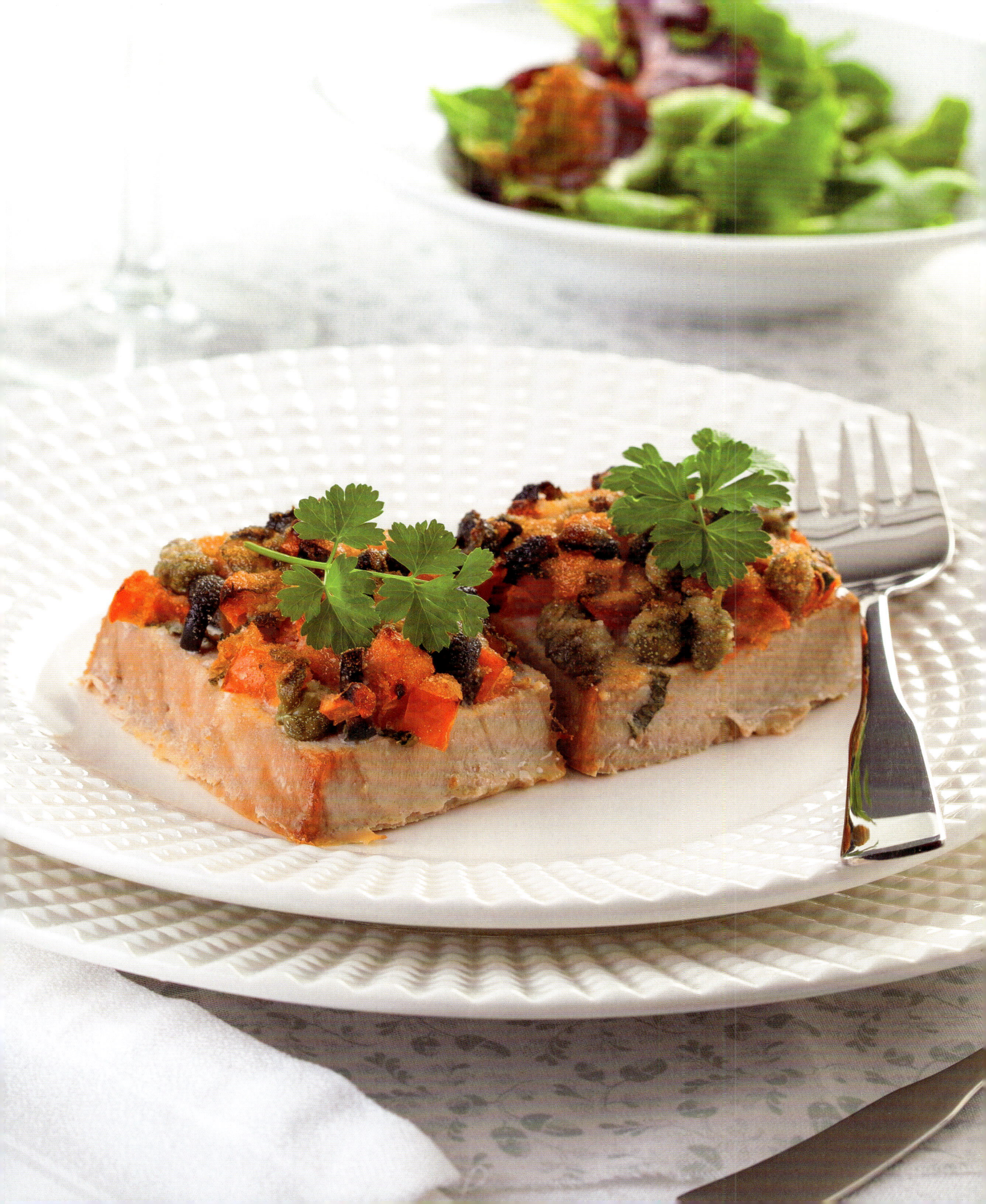

Para 6 personas

Dificultad: media

Tiempo: 45 minutos

Futomakis de arenque

Ingredientes:

200 g de arroz para sushi

100 ml de vinagre de arroz

1 cucharadita de sal

30 g de azúcar

200 g de filetes de arenque

1 manzana roja

zumo de limón

6 hojas de alga nori

salsa tamari

Preparación:

Lavar el arroz cuatro veces, cambiando el agua, para que suelte todo el almidón. Calentar medio litro de agua en una cazuela y cuando comience a hervir, añadir el arroz. Tapar la cazuela y cocer el arroz 15 minutos.

Pasado este tiempo, retirar la cazuela del fuego y dejar reposar el arroz 10 minutos, sin levantar la tapadera. Mientras tanto, calentar en un cazo el vinagre de arroz con el azúcar y la cucharadita de sal.

Pasado el tiempo de reposo, colocar el arroz en una bandeja, rociar por encima la mezcla de vinagre y remover el arroz con una espátula de madera.

Cortar los filetes de arenque en tiras de 0,5 cm de grosor. Lavar la manzana. Retirarle el corazón y cortarla en bastoncitos de 0,5 cm de grosor. Rociar con un poco de zumo de limón para que no se oxiden. A continuación, sobre una esterilla de bambú, extender una hoja de alga con la cara lisa hacia abajo. Disponer una capa de arroz sobre ella y dejar los bordes sin cubrir para poder enrollarla más fácilmente.

Una vez preparada la capa de arroz, disponer encima unos bastoncitos de manzana y unas tiras de arenque; condimentar con salsa tamari y, con ayuda de la esterilla, enrollar el alga comenzando por el extremo sin cubrir, hasta obtener un rollo bien apretado. Finalmente, cortar el rollo de futomaki en trozos de 3 cm con un cuchillo afilado (se corta mejor si la hoja del cuchillo está mojada).

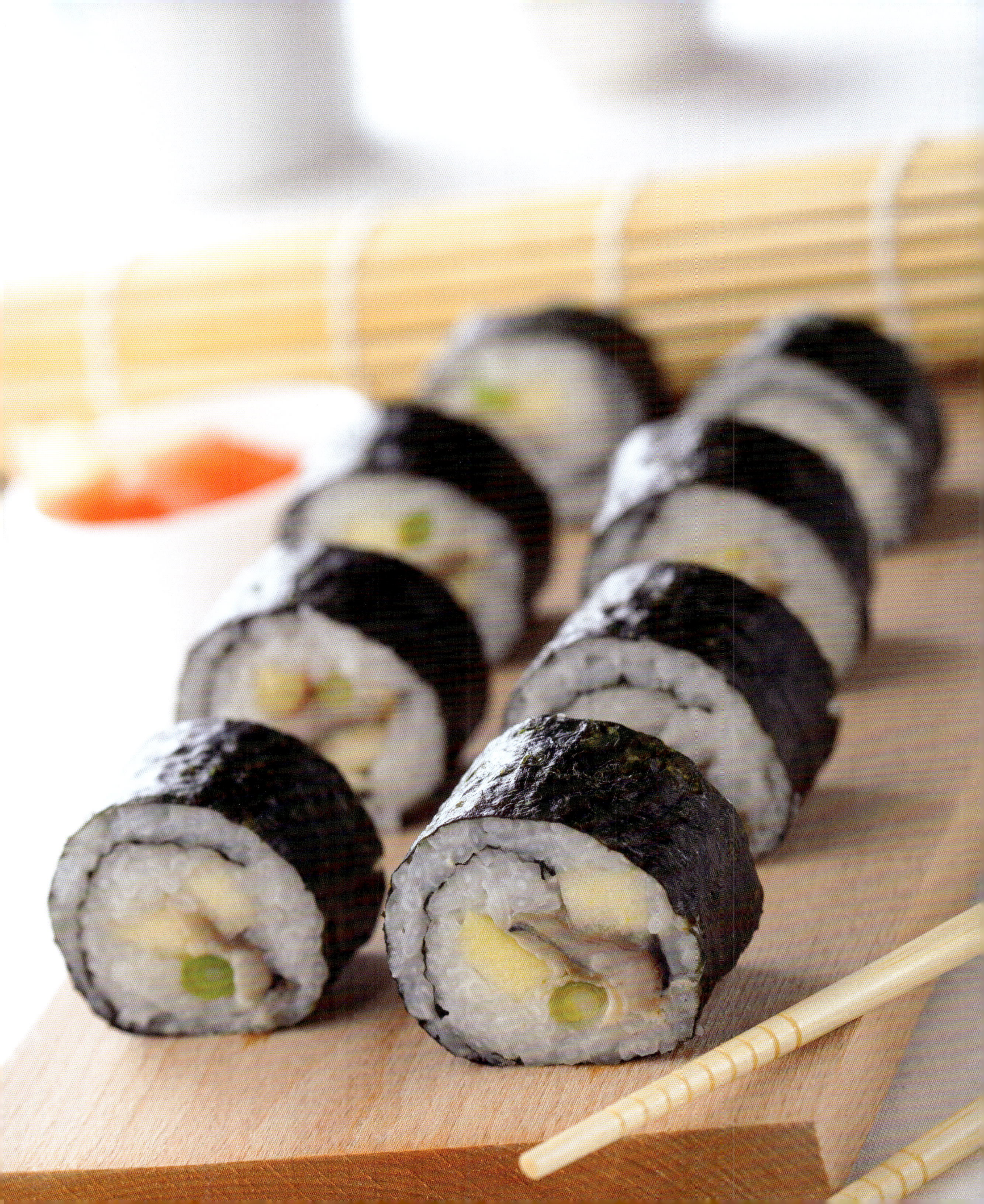

Para 4 personas

Dificultad: baja

Tiempo: 45 minutos (más el tiempo de adobo)

Cazón en adobo

Ingredientes:

1 kg de cazón

8 dientes de ajo

2 cucharadas de orégano

1 ½ cucharadas de pimentón dulce

400 ml de vinagre de vino blanco

3 hojas de laurel

harina de arroz para rebozar

aceite de oliva para freír

sal

Preparación:

Lavar el cazón y cortarlo en trozos. Disponerlos en una fuente honda y reservar.

Pelar los ajos y majarlos en el mortero junto con el orégano y una cucharada de pimentón.

Una vez listo el majado, condimentar con él el cazón, salar y añadir el vinagre. Mezclar bien y verter agua hasta cubrir todo el pescado. Agregar el laurel y dejar macerar el pescado durante 6 horas en el frigorífico.

Pasado este tiempo, escurrir los trozos de cazón en un colador y depositarlos sobre papel de cocina para que queden secos.

Preparar un plato con harina de arroz y agregar el resto del pimentón; mezclar.

A continuación, enharinar el cazón y sacudirlo trozo por trozo para eliminar el exceso de harina.

Freír los trozos de pescado en abundante aceite muy caliente y retirarlos cuando estén doraditos.

Una vez frito el cazón, escurrirlo sobre papel de cocina y servirlo caliente.

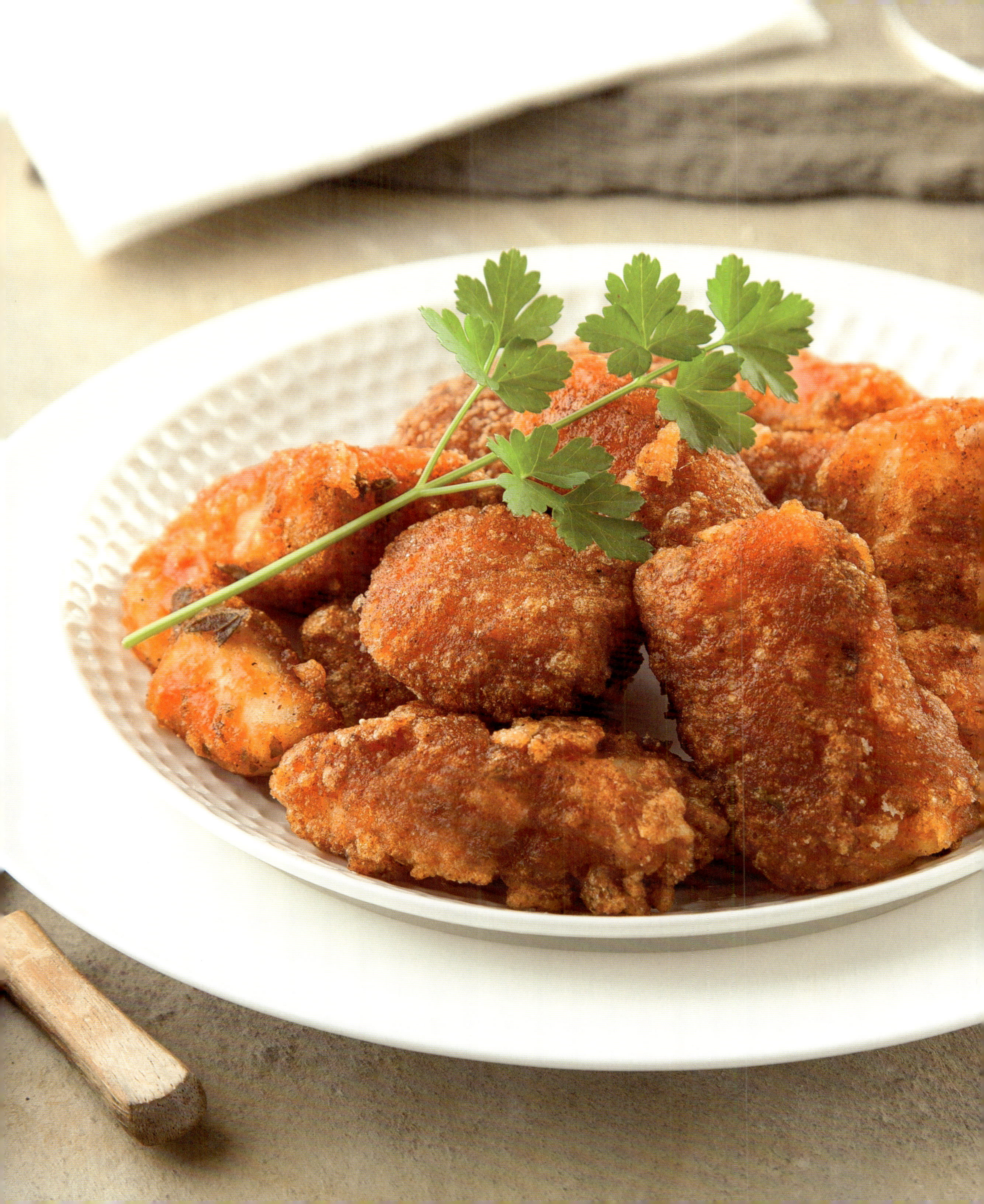

Para 4 personas

Dificultad: media

Tiempo: 2 horas y 40 minutos (más el tiempo de remojo)

Bacalao al aceite

Ingredientes:

800 g de bacalao salado

4 dientes de ajo

300 ml de aceite

375 ml de caldo de carne

1 ½ cucharadas de harina

2 ½ cucharadas de perejil picado

sal

Preparación:

Cortar el bacalao en 4 trozos y ponerlo en remojo con agua 1 día antes de la preparación. Cambiar el agua al menos tres veces.

Pelar y picar los dientes de ajo.

Escurrir el bacalao. Lavarlo bajo el grifo y secarlo con un trapo limpio.

Colocar el bacalao en una cazuela, cubrir con aceite y templarlo a fuego suave durante 2 horas y 30 minutos Pasado este tiempo, templar otra cazuela a fuego muy suave.

Verter en esta cazuela 8 cucharadas del aceite utilizado para templar el bacalao y calentar a fuego vivo.

Cuando esté muy caliente, freír el ajo picado.

Añadir la harina, una pizca de sal y ½ cucharada de perejil. Remover bien. A continuación, escurrir el bacalao con una espumadera y colocarlo en la cazuela del sofrito.

Agregar el caldo cucharada a cucharada y dejar que hierva durante unos 5 minutos.

Tapar la cazuela, cocer 3 minutos a fuego suave y antes de servir espolvorear con el resto del perejil.

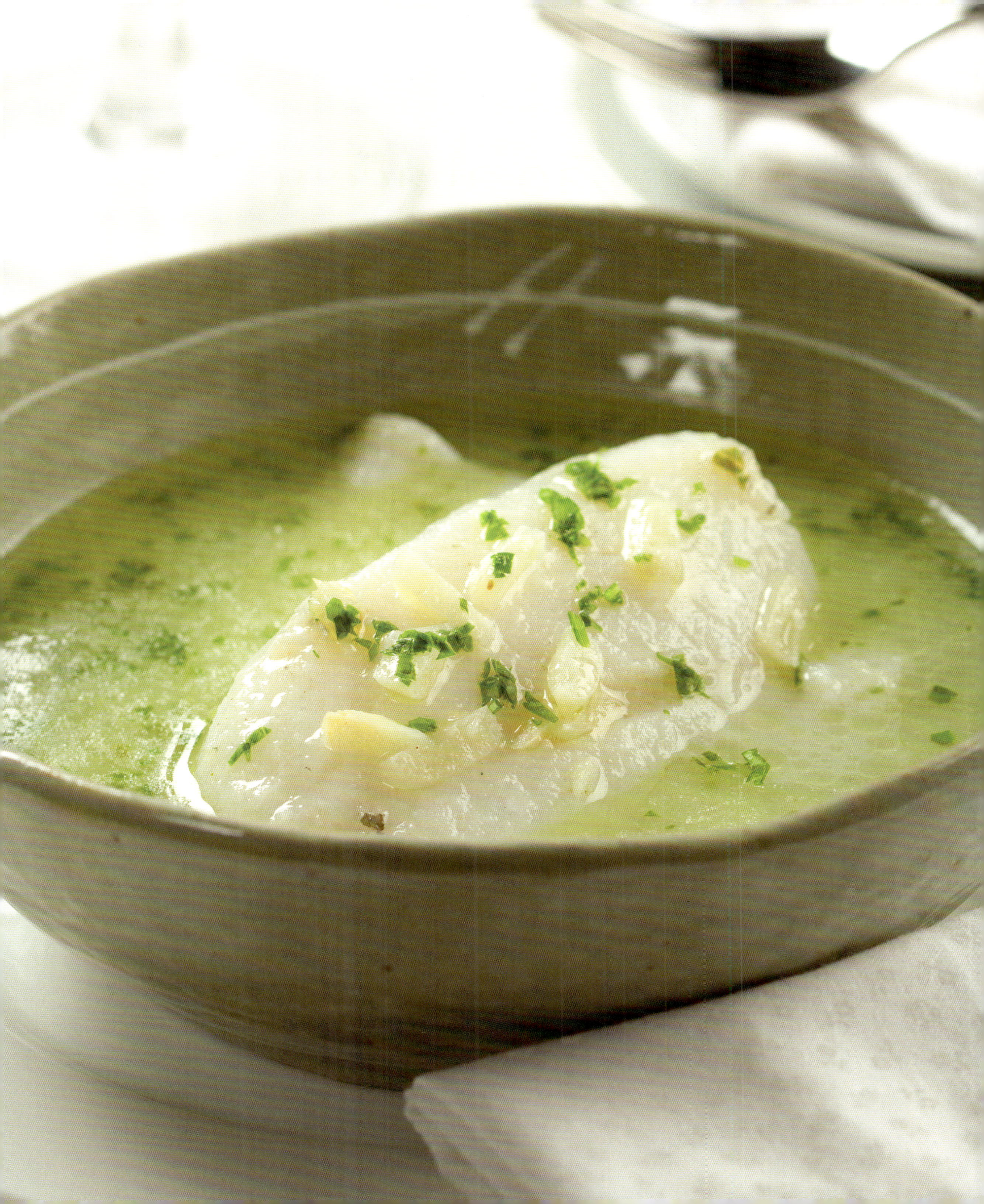

Para 4 personas

Dificultad: media

Tiempo: 1 hora

Guiso de pescado

Ingredientes:

1 kg de pescado al gusto

500 g de mejillones

150 g de pulpitos

150 g de gambas

2 sepias

500 g de tomates maduros

1 cebolla

3 dientes de ajo

8 rebanadas de pan sin gluten (ver pág. 16)

400 ml de caldo de pescado

200 ml de vino blanco

2 ramitas de perejil

aceite de oliva virgen

pimienta

sal

Preparación:

Pelar y picar la cebolla; pelar los ajos; lavar y rallar los tomates. Reservar todo.

Limpiar los mejillones y cocerlos en una cazuela con un diente de ajo picado y el vino blanco, a fuego fuerte y tapada la cazuela hasta que se abran. Una vez listos, retirarlos del agua y separarlos de su concha. Seguidamente, colar el agua y reservarla.

Picar el perejil, majarlo en el mortero con un diente de ajo y sofreír este majado junto con la cebolla picada en una cazuela con un chorro de aceite. Cuando esté dorado, añadir el tomate rallado y cocer a fuego medio durante 7 minutos, removiendo de vez en cuando.

Cuando el tomate esté frito, agregarle poco a poco el caldo y el agua de cocción de los mejillones y salpimentar. Incorporar a la cazuela los pulpitos y las sepias, y continuar con la cocción otros 20 minutos. A continuación, añadir el pescado y seguir cocinando 10 minutos más. Transcurrido este tiempo, incorporar las gambas y mantener la cazuela al fuego hasta que estén cocidas.

Retirar el guiso del fuego y agregar los mejillones reservados. Remover con cuidado; tapar la cazuela y dejar reposar unos minutos. Mientras tanto, tostar el pan, frotarlo con el ajo restante y rociarlo con aceite de oliva.

Por último, colocar el pan en el fondo de los platos y servir el pescado sobre él.

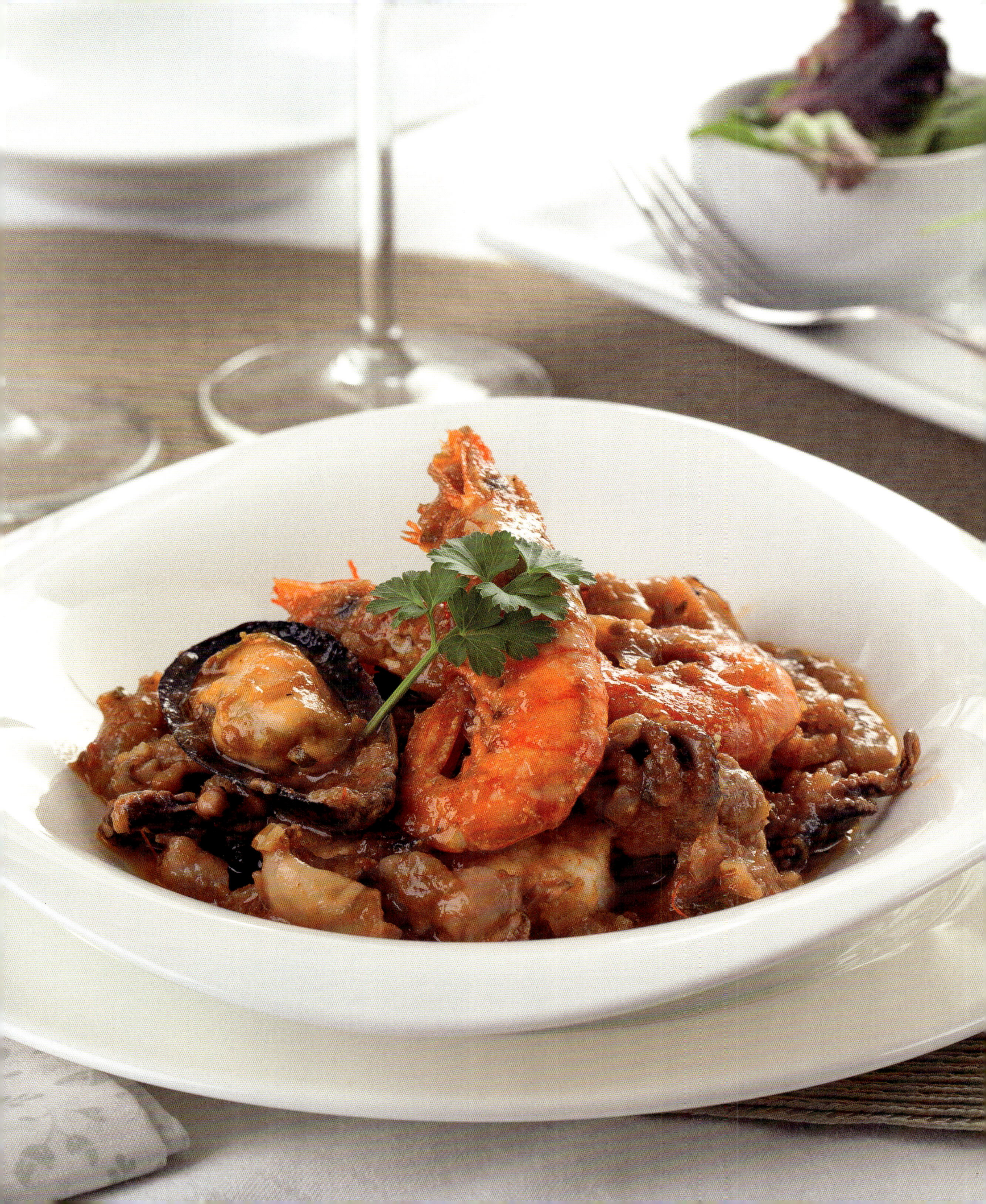

Para 4 personas

Dificultad: media

Tiempo: 1 hora

Bacalao a la vasca

Ingredientes:

4 filetes de bacalao fresco

1 cebolla

4 tomates

2 dientes de ajo

2 pimientos rojos

2 pimientos verdes

la piel de 1 limón

2 cucharadas de maicena

125 ml de vino blanco

½ cucharadita de pimentón dulce

aceite de oliva virgen extra

pimienta

perejil

sal

Preparación:

Precalentar el horno a 200 °C. Hornear los pimientos hasta que estén tiernos. Retirar del horno, dejar que se enfríen y pelarlos y despepitarlos.

Pelar y picar muy fina la cebolla; pelar, despepitar y cortar en trozos los tomates; pelar los ajos; cortar en tiras los pimientos asados.

Salpimentar y rebozar los filetes de bacalao con la maicena. Calentar un buen chorro de aceite en una cazuela y sofreír el pescado 3 minutos. Retirar de la cazuela y reservar.

En la misma cazuela, poner un chorro de aceite más y sofreír la cebolla. Cuando esté transparente, incorporar el tomate y continuar la cocción 5 minutos.

Mientras tanto, majar el ajo y añadirlo a la cazuela, junto con el pimentón. Mezclar bien e inmediatamente verter el vino. Salpimentar y cocer a fuego lento durante 5 minutos, removiendo de vez en cuando.

Agregar a la cazuela los pimientos asados y la piel de limón y, encima, disponer los filetes de bacalao.

Tapar la cazuela e introducirla en el horno. Cocer durante 15 minutos, hasta que estén en su punto.

Servir espolvoreado con perejil picado.

Para 4 personas
Dificultad: baja
Tiempo: 45 minutos

Pescaíto frito

Ingredientes:

1 kg de pescado pequeño variado
harina de garbanzos para rebozar
aceite de oliva para freír
sal

Preparación:

Limpiar el pescado, lavarlo y escurrirlo bien.

Poner a calentar abundante aceite en una sartén.

Mientras tanto, salar y enharinar el pescado, sacudiéndolo para eliminar el exceso de harina.

Cuando el aceite esté muy caliente, freír el pescado hasta que se dore.

Retirarlo de la sartén y dejarlo escurrir sobre papel de cocina.

Servir el pescaíto frito caliente.

Para 4 personas

Dificultad: media

Tiempo: 1 hora (más el tiempo de reposo)

Boquerones a la moruna

Ingredientes:

1 kg de boquerones

100 g de maicena

100 g de harina de garbanzos

2 dientes de ajo

1 cucharadita de comino en polvo

1 cucharadita de pimentón picante

perejil picado

aceite de oliva para freír

sal

Preparación:

Limpiar los boquerones y quitarles la espina. Lavarlos y dejarlos escurrir.

Pelar y majar los ajos.

Disponer en una fuente de cristal una capa de boquerones; condimentarlos con comino, pimentón, ajo y perejil picado; repetir la operación formando más capas y sazonándolas hasta terminar con todo el pescado.

Dejar reposar los boquerones 1 hora para que tomen el sabor del aliño.

Pasado este tiempo, mezclar las harinas en un cuenco y salar. Sacudir los boquerones y pasarlos por la mezcla de harinas.

Calentar aceite abundante en una sartén honda y freír el pescado por tandas.

Cuando estén bien dorados, retirar los boquerones y escurrirlos sobre papel de cocina.

Servirlos calientes.

Postres

Para 6 personas

Dificultad: media

Tiempo: 45 minutos

Alfajores de maicena

Ingredientes:

250 g de maicena

100 g de harina de mandioca

1 cucharada de gasificante de repostería

3 yemas de huevo

100 g de mantequilla

150 g de azúcar

100 g de coco rallado

la ralladura de 1 limón

50 g de leche en polvo

dulce de leche

Preparación:

Ablandar la mantequilla, dejándola a temperatura ambiente durante 15 minutos antes de comenzar con la receta.

Mezclar las harinas con el gasificante y tamizar todo. Echar la mantequilla en un cuenco, agregar el azúcar y batir hasta obtener una crema. A continuación, añadir las yemas, una a una, mezclando bien cada vez. Agregar la ralladura de limón, las harinas y la leche en polvo poco a poco, sin dejar de trabajar la mezcla con las manos para conseguir una masa bien ligada y sin grumos.

Una vez lista la masa, estirarla sobre la superficie de trabajo hasta dejarla de un grosor de 1 cm. Cortarla con un cortapastas redondo del tamaño de una galleta y disponerlos sobre una bandeja de horno untada con mantequilla y enharinada.

Hornear los alfajores a temperatura baja durante unos minutos, hasta que se sequen, pero sin que se doren.

Retirarlos del horno y, cuando se enfríen, unirlos de dos en dos, extendiendo en medio dulce de leche, y pasarlos después de canto por el coco rallado, que se quedará pegado al dulce. Repetir la operación hasta terminar con todos los alfajores.

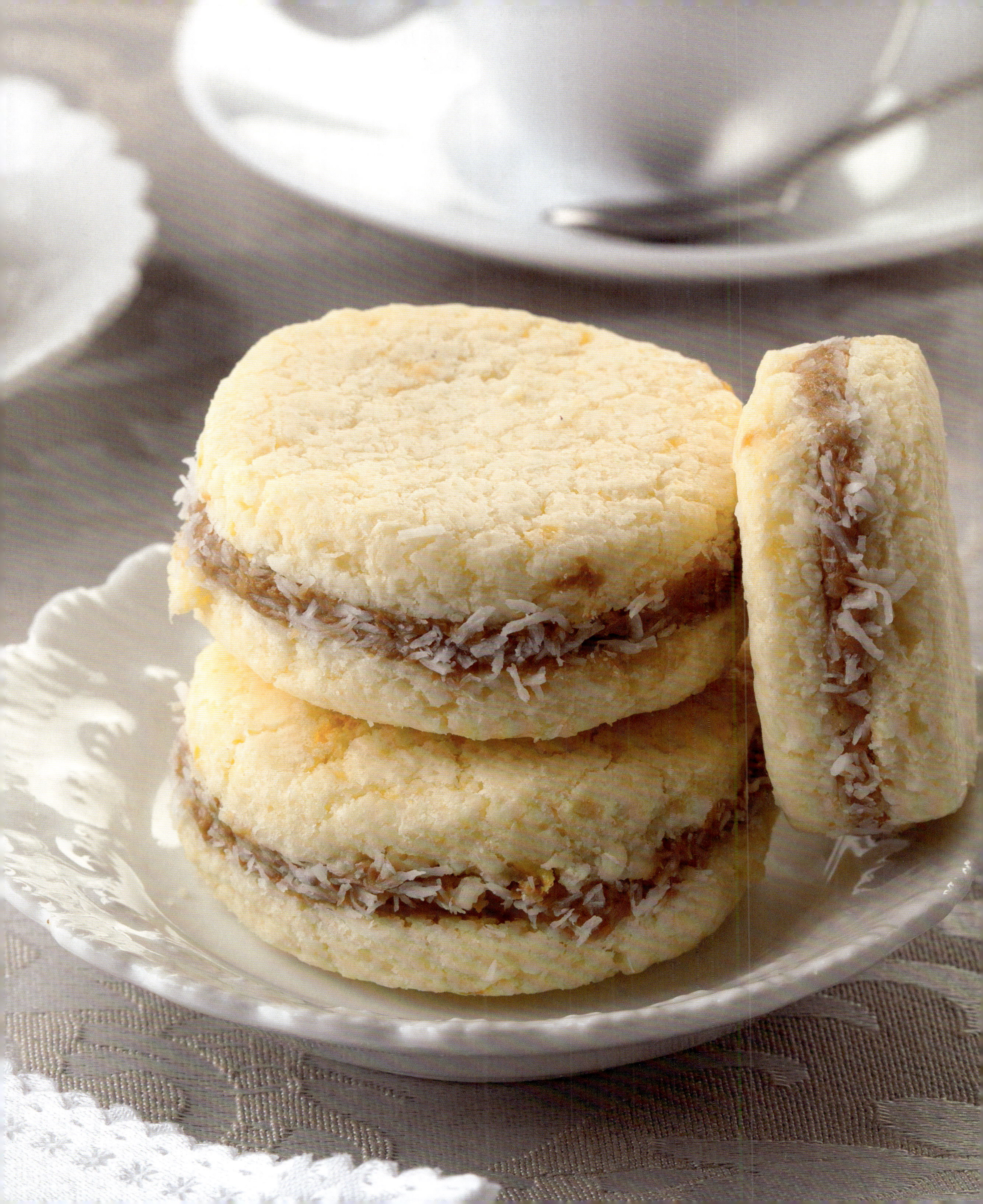

Para 6 personas

Dificultad: media

Tiempo: 1 hora y 30 minutos

Mantecados

Ingredientes:

250 g de harina de repostería sin gluten

125 g de manteca de cerdo

100 g de azúcar

75 g de almendras tostadas

1 cucharadita de canela en polvo

3 cucharadas de vino oloroso

sésamo

sal

Preparación:

Tostar la harina en una sartén, removiendo continuamente, y retirarla antes de que tome color. Dejarla enfriar.

Moler las almendras tostadas.

Disponer en un cuenco la harina, el azúcar, la manteca y las almendras molidas; añadir la canela, el vino oloroso y una pizca de sal. Trabajar muy bien la mezcla hasta obtener una masa fina y homogénea. Dejarla reposar 30 minutos en el frigorífico.

Pasado este tiempo, precalentar el horno a 180 °C.

Estirar la masa, poniéndola entre dos láminas de papel de horno hasta dejarla de 1 cm de grosor. Seguidamente, cortar los mantecados con un cortapastas y espolvorearlos con las semillas de sésamo.

Disponerlos sobre la bandeja del horno cubierta con papel y hornear los mantecados 15 minutos, hasta que se doren un poco.

Retirarlos del horno y dejarlos enfriar antes de servir.

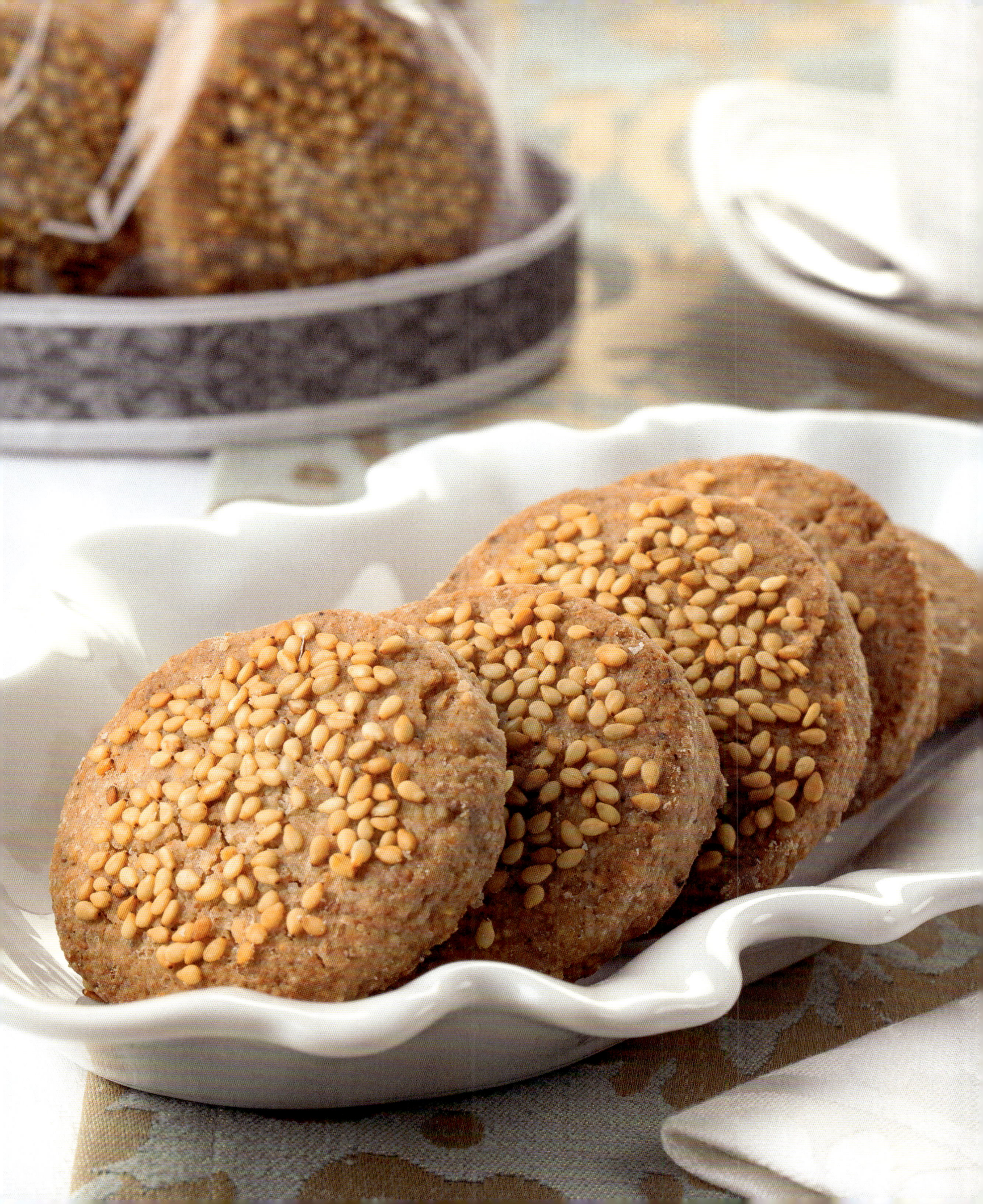

Para 4 personas

Dificultad: baja

Tiempo: 45 minutos

Crepes

Ingredientes:

225 g de harina de maíz

125 g de harina de arroz

400 ml de leche

1 huevo

mantequilla

sal

Preparación:

Mezclar todos los ingredientes en un cuenco, excepto la mantequilla, y batir con la batidora de varillas hasta obtener una masa líquida pero espesa. Dejar reposar durante 10 minutos. Si la masa quedara demasiado espesa, añadir más leche hasta que vuelva a tomar la consistencia adecuada.

A continuación, colocar una nuez de mantequilla en una sartén grande y, cuando esté bien caliente, verter un cucharón de la masa; distribuirla rápidamente por toda la sartén y cocerla hasta que la masa se seque y se tueste ligeramente por los bordes.

En ese momento, dar la vuelta a la crepe con la ayuda de una espátula y cocer por el otro lado unos minutos. Retirar y volver a hacer la misma operación hasta terminar con toda la masa.

Servir calientes, rellenas al gusto.

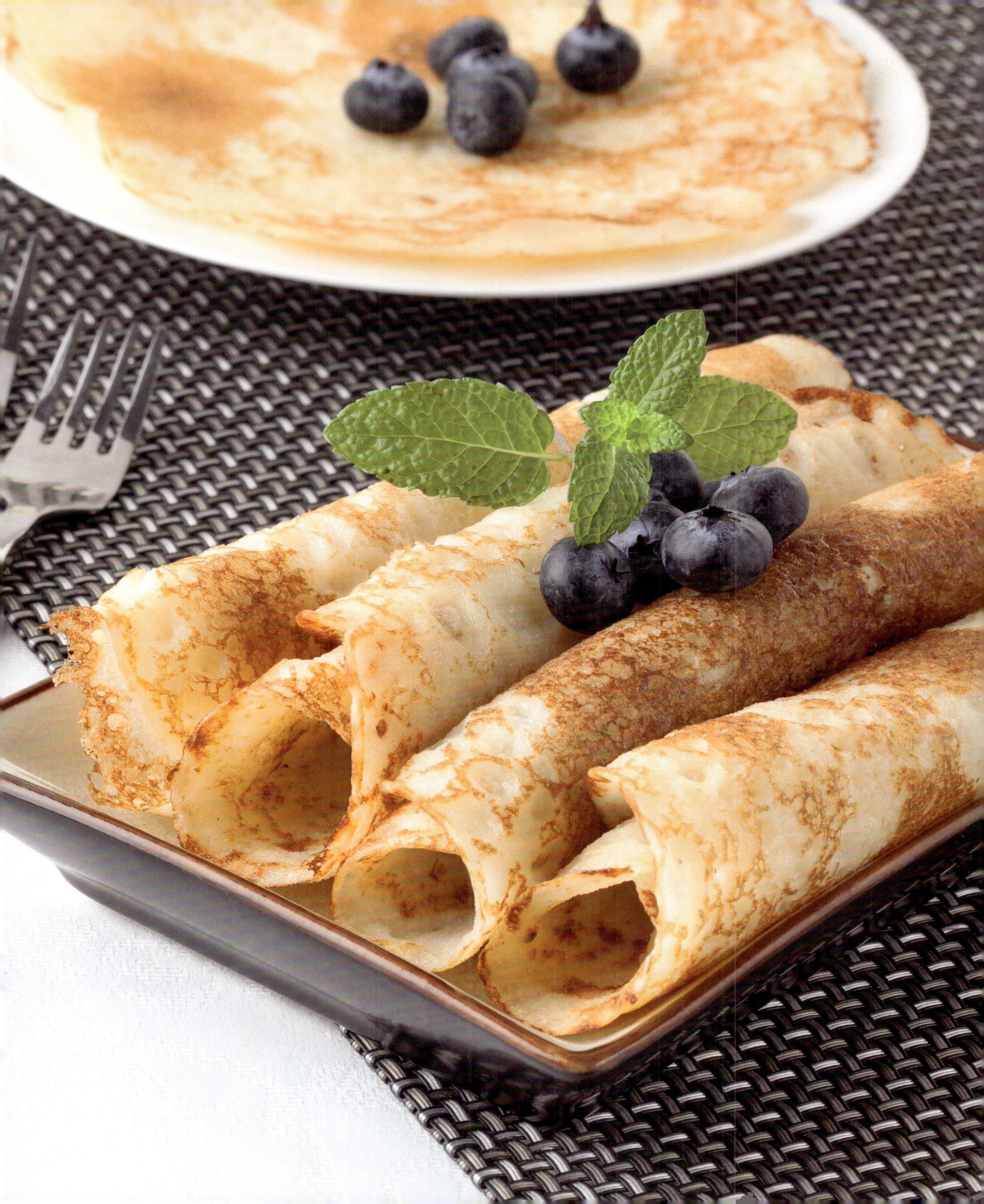

Para 6 personas

Dificultad: alta

Tiempo: 1 hora y 20 minutos

Pastel de ángel

Ingredientes:

60 g de fécula de patata

40 g de maicena

100 g de harina de arroz

14 claras de huevo

1 vaina de vainilla

170 g de azúcar

100 g de azúcar glas

1 ½ cucharaditas de cremor tártaro

1 cucharadita de sal

mantequilla para engrasar

Preparación:

Precalentar el horno 175 °C.

Extraer de la vaina de vainilla las semillas con la punta de un cuchillo y reservar. Mezclar en un cuenco las harinas y el azúcar glas y tamizar tres veces.

Batir las claras a punto de nieve firme con la sal y el cremor tártaro.

Incorporar las semillas de vainilla y, a continuación, el azúcar poco a poco, integrando cada cucharada antes de agregar la siguiente. Batir hasta conseguir un merengue consistente.

Seguidamente, incorporar la mezcla de harinas y azúcar glas, poco a poco, con movimientos envolventes para que el merengue baje lo menos posible. Engrasar un molde con mantequilla, verter en él la preparación y hornear durante 55 minutos.

Pasado este tiempo, colocar el molde boca abajo sobre una rejilla hasta que se enfríe y entonces desmoldar el bizcocho.

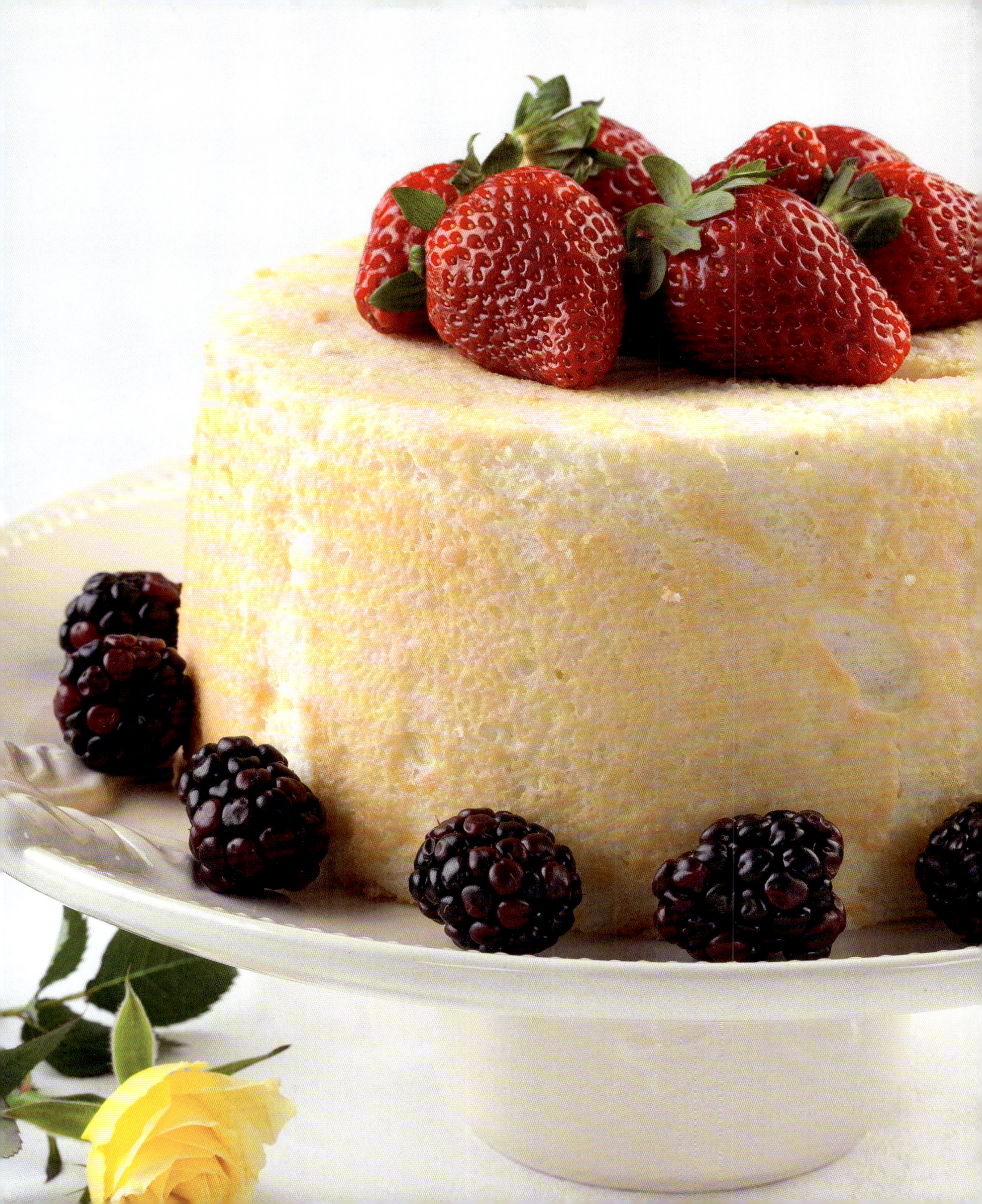

Para 6 personas

Dificultad: media

Tiempo: 50 minutos

Brownie de chocolate

Ingredientes:

50 g de maicena

75 g de harina de maíz

60 g de harina de arroz

250 g de azúcar

50 g de nueces peladas

4 huevos

150 g de chocolate para fundir

100 g de mantequilla

2 cucharaditas de bicarbonato

unas gotas de esencia de vainilla

Preparación:

Precalentar el horno a 180 °C.

Disponer la mantequilla junto con el chocolate en un cazo y fundirlo al baño maría. Mezclar bien.

Separar las yemas de las claras.

En un cuenco, batir con la batidora de varillas las yemas junto con el azúcar hasta conseguir una crema espesa y blanquecina. Agregar el chocolate derretido y la esencia de vainilla. A continuación, incorporar el bicarbonato y las harinas poco a poco. Mezclar todo muy bien hasta obtener una masa suave y sin grumos, y entonces añadir las nueces picadas.

En un cuenco grande, batir las claras a punto de nieve con la batidora de varillas. Incorporarlas poco a poco a la masa de chocolate y mezclar con suavidad, con movimientos envolventes.

Por último, disponer la masa en un molde previamente untado con mantequilla y hornear el brownie durante 30 minutos aproximadamente, hasta que esté hecho en su interior. Cuando esté listo, retirarlo del horno y dejarlo enfriar.

Desmoldarlo y servirlo cortado en porciones.

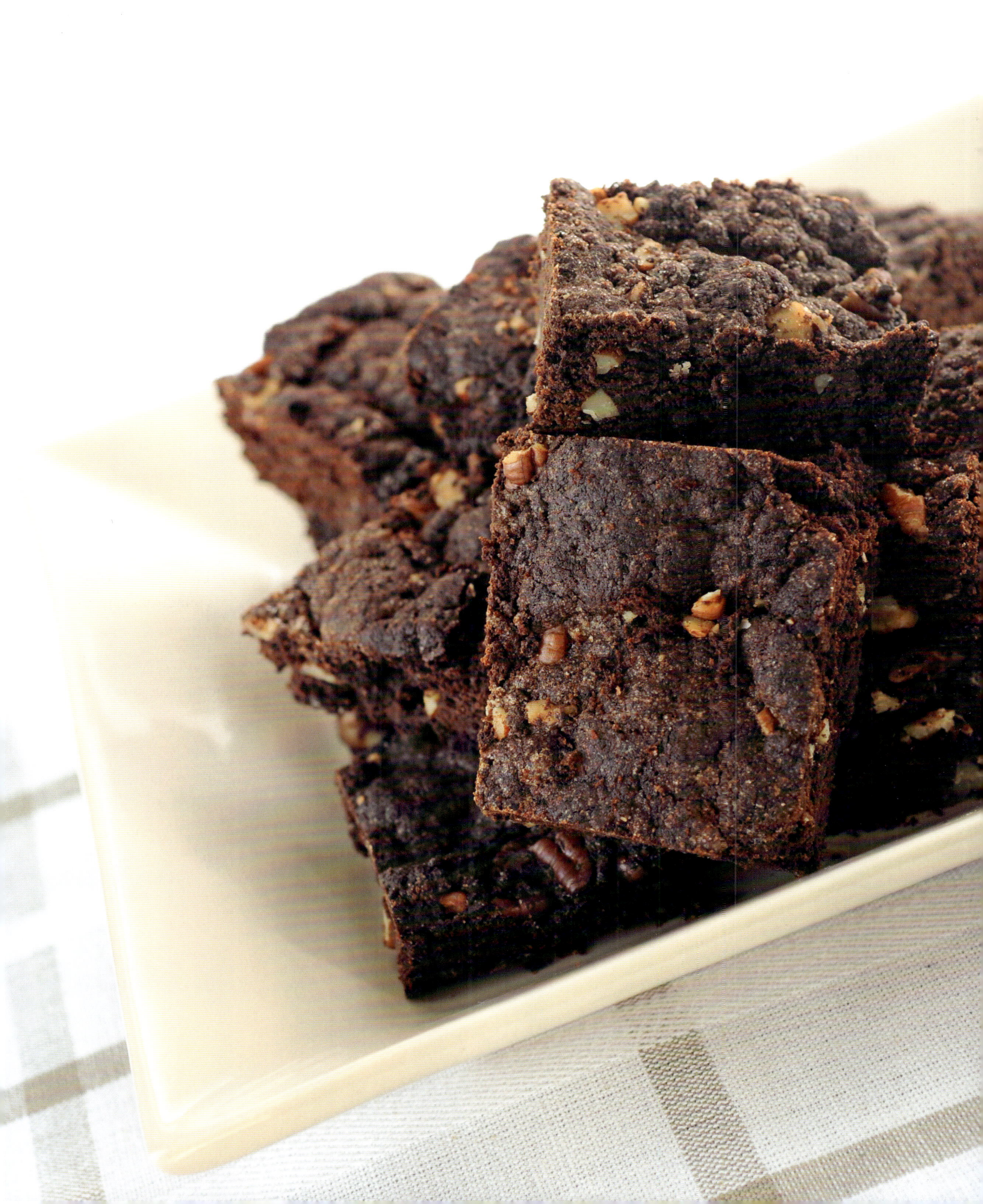

Para 4 personas

Dificultad: media

Tiempo: 2 horas

Tarta de queso con frutas del bosque

Ingredientes:

150 g de harina de maíz

50 g de maicena

400 g de requesón

3 huevos

100 g de azúcar

la ralladura de ½ limón

100 g de frutas del bosque

3 cucharadas de aceite

1 cucharadita de anís

3 cucharadas de mermelada de fresa casera

mantequilla para untar

azúcar glas

sal

Preparación:

Precalentar el horno a 175 °C.

Mezclar en un cuenco la harina, la maicena, 1 cucharada de azúcar y una pizca de sal. Seguidamente, hacer un hueco y agregar el anís, el aceite y un poco de agua. Trabajar todo hasta obtener una masa homogénea; cubrir con un paño y dejar reposar 1 hora en un lugar cálido.

Mientras tanto, batir en un cuenco los huevos y añadir el resto del azúcar. A continuación, agregar, sin parar de remover, el requesón y la ralladura del limón. Reservar.

Extender la masa en la superficie de trabajo, previamente enharinada; forrar con ella un molde untado con mantequilla y verter el relleno de requesón. Hornear durante 40 minutos aproximadamente. Transcurrido este tiempo, retirar del horno, desmoldar y dejar enfriar. Una vez fría la tarta, untar la superficie con la mermelada de fresa, decorar con las frutas del bosque y espolvorear con azúcar glas.

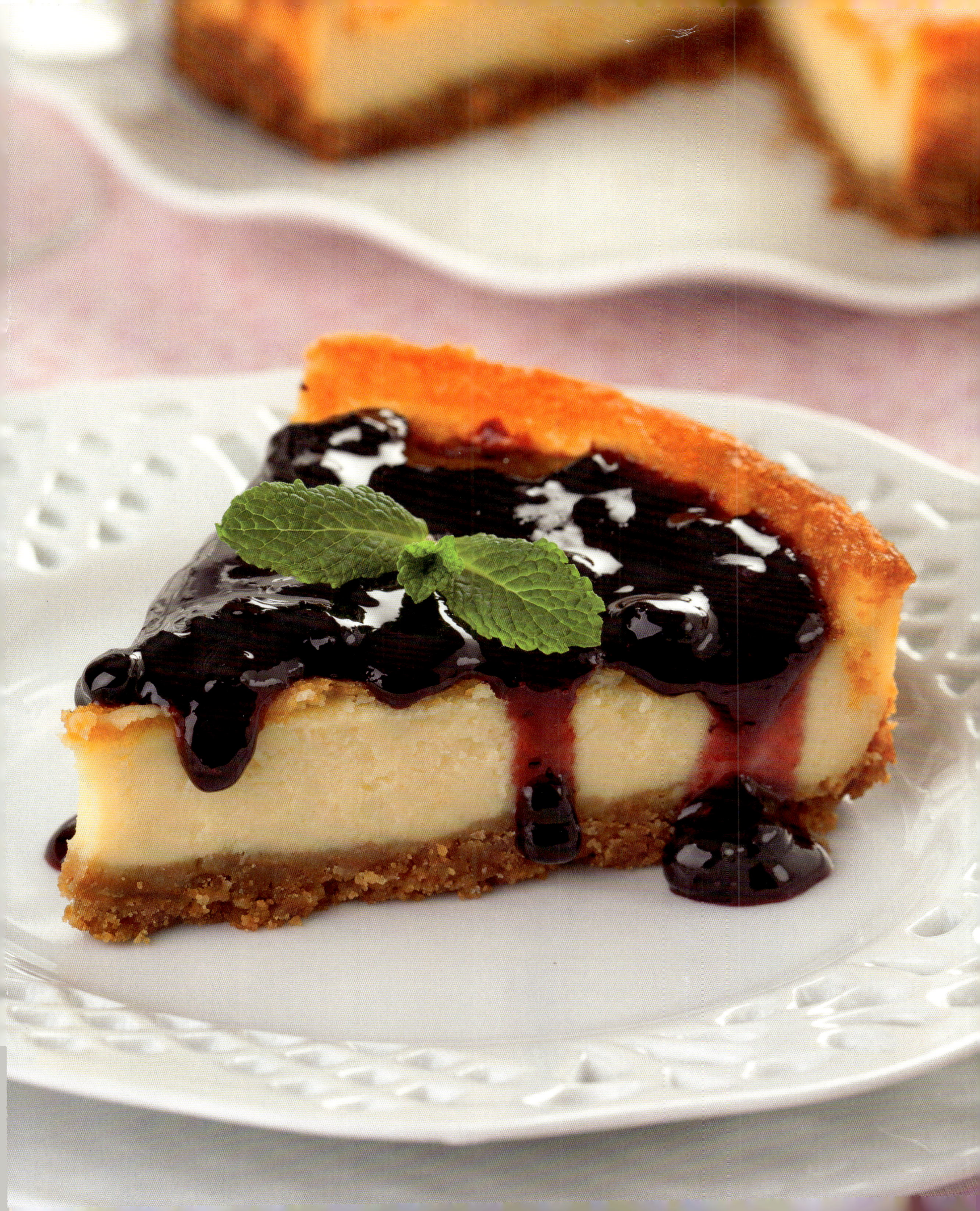

Dirección editorial: María Jesús Díaz
Corrección: Álvaro Villa / Equipo Susaeta
Maqueta, textos iniciales y fotografías realizados por *Proforma Visual Communication, S. L.* bajo la dirección e instrucciones de Susaeta Ediciones, S. A. Derechos de explotación, distribución y comunicación pública cedidos por *Proforma Visual Communication, S. L.* a Susaeta Ediciones, S. A.

Fotografía culinaria: Hans Geel
Coordinación del proyecto y estilismo: Ángela García

Cualquier forma de reproducción, distribución, comunicación pública o transformación de esta obra solo puede ser realizada con la autorización de sus titulares, salvo excepción prevista por la ley. Diríjase a CEDRO (Centro Español de Derechos Reprográficos) si necesita fotocopiar o escanear algún fragmento de esta obra (www.conlicencia.com; 91 702 19 70 / 93 272 04 47).

© SUSAETA EDICIONES, S.A. - Obra colectiva
Campezo, 13 - 28022 Madrid
Tel.: 91 3009100 - Fax: 91 3009118
Impreso y encuadernado en España
www.susaeta.com
D.L.: M-5055-MMXIV